テオドール・リット：人と作品

――時代と格闘する哲学者・教育者

小笠原道雄

東信堂

「悲劇的に生きることと満たされた生を送ること、両者は分ち難く結びついている」

（Th.リット、人間の実存 より）

はじめに

「世界史的時代」——この言葉は、時代の潮流が錯綜し、状況が不安定なその傾向を表す言葉として近年にはなかったと言っていいだろう。第一に、地球的規模で拡大した新型コロナウイルスによる感染が、市井の人々の命と生活を脅かしている現実がある。人類共通の「敵」を前に国家間の団結と人々の連帯が求められるはずであるが、悲しむべきことに、自国中心主義的な相互批判や人々の間の理不尽な差別も一部であらわになっている。感染による死も経済による死もともに回避しなければならない板挟みの状況のなかで、政治はどうあるべきか、科学はどのような役割を果たすべきか、市民はどのように判断し行動すべきか、混迷は深まるばかりである。そして今日、ウクライナ問題で顕著となったことは、一国の指導者による強権的な抵抗民族殲滅の「特別戦略」……。まさに、「今の時代をどのように理解すべきか」という問いが私たち一人ひとりに向けて地球的規模でもとめられている。

本著のテオドール・リット（Theodor Litt 1880-1962）が体験した一九五〇年代のドイツが置かれた状況もまた、「世界史的時代」と感じられるに十分だった。冷戦の影響を受けてドイツは一九四九年に東西に分断された。東側諸国からは共産主義の躍進が宣伝され、西側ドイツは経済の劇的な復興が進む。

一九五七年にはドイツ軍の核武装計画が発表され、すぐさま著名な物理学者等による「ゲッチンゲン宣言」が出される。科学技術の進歩の極致としての核兵器の出現を前に、人類の絶滅が切迫感をもって思い描かれたのであった。政治や社会の状況が地球的規模で変化する時、「今の時代をどのように理解すべきか」という問いに真摯に向き合うことが求められる。もちろん、出来事の意味は必ずしもすぐに明確になるわけではなく、後になって初めて評価が定まる場合も多い。とはいえ、歴史の流れや出来事の連関における自らの現在の立ち位置を、その根拠にまで遡って理解しようとする姿勢は、どの瞬間にも放棄されてはならないものであろう。

リットは自身が体験した戦後冷戦という政治状況を二つの論文に残している。一つは一九五七年の論文「現代という時代の自己理解」であり、第二は一九五八年の「時代の転換期における大学」である。いずれも論文集『東西対立に照らした科学と人間陶冶』（1958）に収められている。論文集の表題から見て取れるとおり、冷戦という政治状況を背景に、東側の共産主義陣営の国家、経済、科学を批判的に検討しつつ、返す刀で西側ドイツ国家や経済の根本原理の不十分さを指摘している。その上で、理性にもとづく時代の自己理解の必要性と、自由で民主主義的国家のあり方を説いているのである。特に、ここではリットの物事の「問い方」にわれわれは注意する必要がある。リットはつねに、「目的—手段」関係を熟慮して事柄に対処することを強調するのである。われわれは、「目的」をいつの間にか「手段化」してその効用性に力点をおいて処理してしまうのである。

今日再び、〈過酷な〉ともいえる冷戦が始まっている。かってのアメリカと旧ソヴィエト連邦(現ロシア)をそれぞれの盟主とする冷戦が、中国という第三の大国の出現によって、自由主義陣営と社会主義・共産主義陣営との理念的対立、あるいは自由市場経済と計画経済との対立を軸としていたのに対して、現代の中国にみられる国家主導による計画経済は様相を全く異にしている。

学問研究と社会との関係をみても、社会全体が、科学的真理よりも一方的な情報による感情への訴えが優先される傾向にある。このような歴史的な条件の変化を踏まえるならば、「東西対立」という政治状況はすでに過去のものと言えるかもしれない。しかしながら、いつの時代にも、さまざまに姿形を変えて現れてくる、自由で主体的な人格を毀損する諸力の起源を看破し、歴史的視座から判断される正しい自己理解と自己啓蒙のあり方を追究するリットの理論的格闘は、世界史的時代に生きることを余儀なくされているわれわれに、数多くの重要な示唆を与えてくれる。

振り返ってみれば、二〇二〇年八月六日の七七回目の広島原爆忌から今日にいたる日常の生活は、コロナ禍によって世界や世相の容貌を激変させた。改めて日常に生きる私たちの生活あるいは市民生活は『命』の問題を具体的に考えなければならなくなった。カミュの長編小説『ペスト（La Peste）』等、アルジェリアという全く別世界での空想の世界の出来事と考えられてきた。だが、コロナ問題は新型の変種として「なくならない」とも言われ、現実、わが国の現状は第七波の真っ只中の状況である。

他方、一九四五年八月、広島、長崎というアメリカによる原爆投下によって凄惨な多くの被爆者を生み出して第二次世界大戦が終結し、軍縮による「東西対立」の構図が終結したかのような世界情勢を出現させてきた。だが現在のウクライナ問題は、その状況を情報等をつうじて仔細にみれば、事態は核兵器の使用をちらつかせながら、大国の一方的な領土拡大、権力による民族・文化の殲滅という近代社会以前の状況に歴史の針を逆戻りさせるような状況である。

そのような世界史的状況の中で、現代の日本社会で生活を営み、自己の実存を見つめることは一体どのようなことなのか。とりわけ、研究や教育に関わることを「生業」としてきた者にとってはそのおもいは強い。

そのような悶々とした心的状況のなかで、結局、自身の仕事として、五〇年間も格闘してきた歴史哲学者・教育者リットに学ぶ以外に自分には方途がないと自覚するようになった。

著者は本書の冒頭でリットによる「人間の実存」のありよう：「悲劇的に生きることことと満たされた生を送ること、両者は分ち難く結びついている」という言辞を引用した。このリットの言辞は歴史哲学者リットが一九五〇・六〇年代の「人間実存」の実相を示したものである。その意味では、今日人類が遭遇しているコロナ禍やウクライナ問題にも通底する現代の問題でもあるし、何よりも現在わが国にあって学術研究や教育における学問・研究の〈自由〉の本質を考察する研究者や大学院生の基本問題であると考えられる。

リットは自己のナチズム体験から研究者の〈傍観者的な態度は許されない〉と喝破している。リットによれば、「自己理解」とは「変化する状況の個別具体性を扱う考察と同一であり続けようとする人間本性の一般性をもつ考察」の両者を自らのうちに〈止揚《アウフヘーベン》〉することを特徴とする人間本性の二種類の努力ということなのである。

今流にいえば、コロナ禍における個別具体性として生活・生命《いのち》の在りようと人間本性の一般性としての理念的生を自らの主体的責任において「止揚」する努力と換言できよう。

以下本著では、現今のこれら二つの根本問題を念頭に歴史哲学者リットの「人間と歴史」についての提言を探る。具体的には、リットによる一九五七年の「自己理解」の言説：『原子力時代の自己理解―原子力と倫理』(Atom und Ethik – Wie versteht unser Zeitalter sich selbst?) を第1章で論究する。この問題は、六五年を経てウクライナ・ザポリージャに対するロシアの核部分使用として再び人類の歴史に出現した。

なお本著巻末に四つの補論：1「ライプチヒ大学主催リット・シンポジウム、リットと長田新」、2「日本におけるテオドール・リット教育学の受容―日本教育学説史再考の試み」、3「ライプチヒ大学テオドール・リット研究所」、4「ドルトムント工科大学公開シンポジウム原稿『福島以後？―原子力破局の教育＝陶冶理論的反省　国際的展望』（L・ビガー、B・プラッツェル、C・ブンガー編著）」を付記した。本論でのテーマをより深く歴史的展開として考える際にこの補論を参照されたい。

二〇二二年九月　広島にて

小笠原道雄

テオドール・リット：人と作品——時代と格闘する哲学者・教育者　目次

はじめに…… i
凡　例…… xiii
序章　テオドール・リット（Theodor Litt, 1880.12.27-1962.7.16）の略歴…… 3
第1章　テオドール・リット——研究と教育の自由と格闘する哲学者・教育者…… 7
第1節　戦後ドイツ原子力問題の端緒——原子力時代の自己理解（一九五七年三月） 7
第2節　核エネルギーの「人類に対する責任」という視点からの倫理的問題 11
第2章　テオドール・リット教育学の歴史・多元的研究方法論…… 15
第1節　二極弁証法…… 16

第2節　パースペクティヴィズム（遠近法主義）……17

第3章　テオドール・リット：哲学者・教育者……21
――歴史的理性に基づく反省と提言
第1節　テオドール・リットのナチズムとマルクス主義に対する抵抗……22
第2節　テオドール・リットの人間像――リットと直接あって対話した人の証言から……25
第3節　テオドール・リットの思想――日本語文献を中心として……28
第4節　最晩年のテオドール・リット……31
第5節　テオドール・リットの主要著作……32
第6節　著者のリット体験――リットへの追憶……36
第7節　テオドール・リットに関する日本語文献……44

第4章　テオドール・リットの人間観……51
――最晩年の三つの講演から
第1節　プール・ル・メリット学術勲章（Orden Pour le Mérite für

Wissenschaft) 受賞記念講演（1956） …… 51
第2節 エルンスト・ロイター追悼講演「事物化した世界における自由な人間」（1956） …… 58
第3節 第一〇四回シンケル記念式典講演（一九五七年三月一三日） …… 81
結 語 …… 115
引用・参考文献 …… 118
補論1 ライプチヒ大学主催リット・シンポジウム、リットと長田新 …… 123
——「原子力時代」の自己理解と日本の教育学者長田新論文
—リットとの比較研究
補論2 日本におけるテオドール・リット教育学の受容 …… 145
——日本教育学説史再考の試み

補論3　ライプチヒ大学テオドール・リット研究所……………181

補論4　ドルトムント工科大学公開シンポジウム原稿『福島以後？―原子力破局の教育＝陶冶理論的反省　国際的展望』（L・ビガー、B・プラッツェル、C・ブンガー編著）……………185

あとがき……………211
事項索引……………220
人名索引……………222

凡例

1. 本書に訳出した以下二編の論文の底本は、それぞれ次のとおりである。
(1)エルンスト・ロイター追悼講演「事物化した世界における自由な人間」＝Theodor Litt: Der freie Mensch in der versachlichten Welt. Hartmann 1956, In: Hrsg. v. d. Bürgermaister-Reuter-Stiftung Berlin-Fridenau.［リット自身がタイプを打ったと思われる、いわばリットの直筆原稿である。］
(2)ベルリン建築家並びに技術者協会 第一〇四回シンケル記念式典におけるテオドール・リット教授祝賀記念講演「現代における生の力としての芸術と技術」＝Theodor Litt: Kunst und Technik als Mächte des modernen Lebens. Festvortrag auf dem 104. Schinkelfest des Architekten- Verein zu Berlin, In:Schriftenreich des Architekten- und Ingenieur-Vereins zu Berlin.
2. テオドール・リットの二つの講演は、講演の性格から口語体を採用した。
3. 改行等は講演者の文体やリズムを尊重しすべて原文に従った。
4. 原文中の„ “は鉤括弧（「」）に変え原語を挿入した。
5. 原文のイタリック体の字句には傍線を付した。
6. 訳者が補った語句は［］に入れた。
7. ドイツ語のLeben（レーベン）は生命、生活を含意するが「生」に統一した。
8. ドイツ語のSache（ザッヘ）はリットにとって重要なタームであるが「事物」と訳出した。
9. リット自身が描く風刺画（カリカチュア）二葉――論文審査に精を出す風景と自画像がコミカル

に描かれておりリットの多様な才覚が認められる。［資料：ライプチヒ大学テオドール・リット研究所保管］

テオドール・リット：人と作品——時代と格闘する哲学者・教育者

序章　テオドール・リット（Theodor Litt, 1880.12.27-1962.7.16）の略歴

テオドール・リット（Theodor Litt）は一八八〇年一二月二七日、ドイツ・デュッセルドルフにギムナジウム教師フェルディナント・リットの息子として生まれ、基礎学校修了後、大学入学までの九年制中等教育機関である「ギムナジウム」を卒業後、一八九九年から一九〇四年までボン大学およびベルリン大学で古典語と歴史学を学び、一九〇四年ボン大学で哲学の学位を取得した。論文は、ラテン語による『ウエリウス・フラックスとコルネーリウス・ラペオの暦に関する本について』(De Verrii Flacci Et Cornelii Labeonis Fastorum Libris...) 全三四頁で、内容は、古代ローマの年中行事・公時等を記した暦本に関する研究である。リットの歴史研究への関心あるいは原点の一つとしてこの学位論文は注目されよう。

その後、十数年ケルンとボンのギムナジウム教師を務め、ギリシャ語、ラテン語および歴史

を担当した。その傍ら、一九一七年プロイセン文部省の招集した〈大学における教育学促進委員会〉のメンバーとなり、翌一九一八年ベルリン文部省の員外職員となった。

一九一九年、リットは大学教授資格をとっていなかったが、ボン大学教育学員外教授に任命され、翌一九二〇年、Ed.シュプランガー（Spranger, 1882-1962）の後任として、ライプチヒ大学哲学・教育学正教授に就任した。最近の資料研究からはこの後任人事をめぐっては、当時のプロイセンにおけるギムナジウム改革にともなうギムナジウム卒業生の教育学教育の必要性等からシュプランガーが強力に推挙したことが明らかになっている。

しかし一九三一年一〇月三一日、慣例によっておこなわれたリットのライプチヒ大学総長就任講演『大学と政治』は、大学が国家からの日常的な要請に対し内向きな体制であることに対する厳しい批判の表明であり、主体的で自律的な大学の伝統がナチズムの隆盛に伴って崩壊する状況下で学問の独立性を保持するため構成員にその責任を訴えるものであった。

ところが、ナチズム学生同盟は総長講演のリットの姿勢に対して大学正面にナチ党の記章である鉤十字の垂れ幕を掲げることを要求した。リットは断固拒否、許さなかった。結果として、リットは一日で大学を閉鎖しなければならなかった。

このように一九三一・三二年の総長時代、リットとナチズム学生同盟との軋轢は激化し、さらに、一九三六年リットが講演旅行のためウイーンに赴いた際、ナチズム学生同盟から講演停止の通知を受け、この体験後の一九三七年、リットは自ら教授職を辞し、以後、著作活動等を通じ、ナチズムの圧迫に抵抗し、一九四五年、再度ライプチヒ大学に復職するまで終始自己の信念を枉げず清節をまもり通した。戦後刊行される多くの著作は不遇とも言えるこの時期に執筆されたものでる。

退職直後の一九三八年、無謀ともいわれるなかリットは小冊子『ドイツ精神とキリスト教的精神』を刊行する。本小冊子はナチズムのイデオロギー的主著であるA・ローゼンベルク（A. Rosenberg, 1893-1946）の『二〇世紀の神話』に対する批判書である。このようにリットはナチズムの人種理論や民族の優越性等の主張を冷静にかつ学問的に精査し、反論し、それが若者に及ぼす影響についても論を展開し、教育者としての態度を矜持している。

第1章　テオドール・リット
――研究と教育の自由と格闘する哲学者・教育者

第1節　戦後ドイツ原子力問題の端緒――原子力時代の自己理解（一九五七年三月）

リット論文「私たち自身、今の時代をどのように理解するか？」(Wie versteht unser Zeitalter sich selbst?) は旧西ドイツ連邦国防省大臣F・J・シュトラウス (Strauß) の要請による巻頭論文である。

ここで本論文を十全に理解するため当時の時代背景を二つの基本文献から紹介する。

【注記】

論文の時代背景［注記1：アルフレート・グロセール著、山本尤・三島憲一・相良憲一・鈴木直訳『ドイツ総決算 一九四五年以降のドイツ現代史』社会思想社刊 一九八一年］

［注記2：「ゲッチンゲン宣言（Göttinger Manifest）」一九五七年四月一二日、原子核分裂の発見社O・ハーンら旧西ドイツの原子科学者一八人が署名、発表した核兵器保有反対の宣言。この宣言は、西ドイツが原子力兵器を所有すべきでないことを訴えたうえで、「署名者は誰も原子力兵器の製造、実験、配置に、どんな方法でも参加しない」と声明した。なお、同年五月、湯川秀樹を含む日本の物理学者二五名もこの宣言を支持する声明を出した。一八名の原子物理学者とは、F・ボップ、M・ボルン、R・フライシュマン、W・ゲールラッハ、O・ハーン、O・ハックセル、W・ハイゼンベルク、H・コッファーマン、M・フォン・ラウエ、H・マイヤー・ライプニッツ、J・マッタウホ、F・A・バネス、W・パウル、W・リーツラー、F・シュトラスマン、W・ワルヒャー、C・F・フォン・ワイツェツガー、K・ビルツである。

なお、Th.リットと親交のあったW・ハイゼンベルクや本「宣言」に関しては、W・ハイゼンベルク、湯川秀樹序、山崎和夫訳『部分と全体』みすず書房、一九七四年を参照されたい。］

時代背景

第三次アデナウアー政権（1957.10.18）下の連邦国防省大臣であったシュトラウスは、「将来への方向を示す現代の時局的諸問題は過去の認識を欠いては把握出来ない。……政治的存在としての人間は、共同体による、共同体のために設定された諸要求を満たすための歴史的知を必要とする」と述べている。そのために、単に「国防軍の兵士」だけではなく、「市民」にも「政治的—歴史的陶冶」が必要なことを訴えている。ただこのシュトラウスの主旨は、市民に「核武装の必要性のための陶冶が必要である」との認識に立っての発言であり、リットの警世的な講演内容とは真反対であることに注意する必要がある。その意味でも、当時の西ドイツの置かれていた時代状況、特に、「外交と国際政治及び国内世論の動向」は状況の認識にとって不可欠なものである。具体的には、ヨーロッパ共同市場（EEC）及びヨーロッパ原子力共同体（ユーラトムEURATOM）関係条約（ローマ諸条約）の調印（1957.3.25）。それに対する物理学者一八名による有名な「ゲッチンゲン宣言」（Göttingen Statement）及び核武装計画反対と核兵器の製造実験への参加拒否（4.12）等である。さらに、ベルリンにて西側三ヵ国（米、英、仏）とのドイツ統一要綱（ベルリン宣言）の調印（7.29）があり、そして翌一九五八年一月一日、ヨーロッパ原子力共同体が発足し、三月二五日には連邦議会が国防軍の核武装決議案を可決するという、当時の西ドイツにとってはまさに、一連の「時局的諸問題」であった。

このような対立の激しい社会状況の中で、リットは実に驚くような冷静な語り口で、しかしながら鋭くこの問題の本質をその出現から発展させそして今日的状況を歴史哲学者として論じている。

リットによれば、科学技術の進展に伴い、人間は高度化した社会システムへの隷属を強いられ、自己の意志を持ちにくくなる。その意味でもリットの本論は科学者を含めた市民に覚醒を促し、第2節において説明すように、原子力について人間は「責任」という倫理的な視野から検討し、決断しなければならないと結論づけているのである。

結局、われわれは人類史上『原子力時代』がどのような時代であり、原子力(核)エネルギーとは何であるのか――不幸なことにそれは人間を殺傷する大量破壊化学兵器として開発され、それを目的に投下されてしまったのだが――をそのメカニズムを含めて十分に理解することのないままに急速に技術化を図ってきたのではないか。少なくとも、アメリカによって広島、長崎に投下された『原爆』はそれを実証している。

これらの問題に東西冷戦の厳しい対立の一九五〇年代後半から、旧西ドイツでは原子力の開発やその導入の可否を巡って、まさに国論を二分するような激しい対立があり、激論が交わされたのであった。その対立抗争の中で、哲学者、教育(学)者リットは政府、ヨーロッパ原子力委員会の政策関係者、そして原子力の専門科学者から「講演」を求められた。それが一九五七年の講演、「私たち自身、今(原子力)の時代をどのように理解するか?」である。しかしリット講演の内容は政治や世論の喧噪とはことなり、核エネルギー導入に「賛成か反対か」ではなく、その「諾否」を選択する「決断」を促すために、原子力科学・技術自体のもつその本質的な危険性を論理に徹して冷静に説き、結論として、問題解決の途を「原子力時代」に生きるアンビバレンスな人間の「責任」というエートスに徹して説き明かしているのである。まさに、警世の論と言ってよいものである。それが具体的に核エネルギー問題の「人類に対する責任」として展開される。

第2節　核エネルギーの「人類に対する責任」という視点からの倫理的問題

リットの第二論文「原子力と倫理―原子力の経済的、政治的、倫理的諸問題」(一九五七)はドイツ欧州連合（EUROPA-UNION DEUTSCHLAND）編纂の報告書『ユーラトム―原子力エネルギーの経済的、政治的、倫理的諸問題―』に掲載されたものである。

リットはここで、欧州における自然科学の発展とその技術への応用プロセスを巨視的に鳥瞰している。人間が発見し、それを技術に応用する人間の思考と、その人間によって創出された技術が、根本的に対立。技術が事象自体の持つ法則に従って人間の思考と無関係に突き進む点に、リットは原子力利用の危険の可能性の本質と問題の根源を見ているのである。

その上で、究極的にわれわれが、この対立をより高い次元でいかに解決するかの問題に論を展開している。著者は、リットがその解決の中核に、最高価値の「責任」をおいた点で、カント学者W・ハイゼンベルク（Heisenberg）との対話が結実したと考えている。すなわち、リットによれば、「責任」という範疇へ「決断」をフィードバックさせることが、問題解決には不可欠なことなのだ。

リットは、数奇な運命をたどった二〇世紀を代表する学者であった。ヒットラー体制の下で学長職を務めるが、その人種観や歴史意識を学問的に痛烈に批判。学長職を辞して結局、退職した。第二次大戦後は復職したライプチヒ大学の復興計画案まで作成したが、これまた旧ソ連占領下の全体主義的政策と全く相容れず、退職して一九四八年、故郷の旧西ドイツ・ボン大学に復職し、哲学部教授と兼任しながら教育科学研究所を創設するのである。

リットのライプチヒ時代の二〇年代、その後に日本の代表的な教育学者、心理学者となる人々が留学している。広島文理科大学教授で学長を務め、『原爆の子―廣島の少年少女のうったえ』(一九五一)を編集、刊行した長田新、心理学者城戸幡太郎たちだ。若いリットから文化哲学的問題、教育学の方法論等を学んでいる。

著者は本書のテーマの一つ「われわれ自身、『原子力時代』をどのように理解するのか?」を三・一一の東日本大震災、とりわけ、福島第一原発事故を念頭に対峙することの必要性を痛感している。いま、われわれに必要なことは、それぞれの置かれた立場で、「われわれ自身、『原子力時代』をどのように理解してきたのか」を問い続けることだ。

その反省に立ち、それぞれの主体性において、「人間が発見し、発明してきた核エネルギー自体の持つ法則性」を専門家の説明をうけ、「それは人間の思考によってどこまで解明され得るものなのか」を論理に徹して冷静に考え抜くことが必要と考えている。その上で、われわれは人類に対する「決断」が必要なのではないか。

引用・参考文献

1. テオドール・リット著、小笠原道雄編、木内陽一・野平慎二訳『原子力と倫理―原子力時代の自己理解』東信堂、二〇一二年。

2. テオドール・リット著、小笠原道雄・野平慎二編訳『科学の公的責任―科学者と私たちに問われていること』東信堂、二〇一五年。

3. テオドール・リット著、小笠原道雄・野平慎二編訳『歴史と責任―科学者は歴史にどう責任をとるか』東信堂、二〇一六年。

4. テオドール・リット著、小笠原道雄・山名淳編纂訳『弁証法の美学―テオドール・リット最晩年の二つの記念講演から』東信堂、二〇一九年。

5. テオドール・リット著、小笠原道雄・野平慎二編纂訳『現代という時代の自己理解―大学・研究＝教育の自由・責任』東信堂、二〇二一年。

［外国語文献（Literatur）］

1. Schicksalsfrage der Gegenwart. In;Handbuch-Politisch-Historischer Bildung, Erster Band, ss.9-28.

2. EUROPA-UNION DEUTSCHLAND（Hrsg.）EURATOM—Wirtschaftliche, politische und ethische Probleme der Atomenergie, o.J.

第2章　テオドール・リット教育学の歴史・多元的研究方法論

リットが二〇世紀の社会哲学や教育（哲）学の分野でG・W・ヘーゲル（Hegel, 1770-1831）の弁証法を基底としながらもその個性的な弁証法的思考を通じて世界の思想界に大きな影響を及ぼしたことは周知の事実である。

本章では、その個性的な弁証法的思考を明らかにすることを企図している。

一九九八年刊行の『岩波哲学・思想事典』では、リットは「現象学的社会学」の項目の中で、一九二〇年代、前期・中期フッサール現象学に影響を受けた人物と記されているし、「陶冶・教養」（ドイツ語のビルドゥング）の項目では、一八世紀後半の「ドイツ新人文主義」思潮の概念であるヘーゲル哲学の重要な術語とされるこのヘーゲルの陶冶概念を教育理論のなかに生かそうという現代の試みがリットなどであると説明されている。したがって、われわれはその研究方法論を考察することが重要である。ここでは具体的に、リットの二極弁証法並びにパースペクティヴィズム(Perspektivismus)を解明する。

第1節　二極弁証法

日本のリット研究家杉谷雅文(一九一〇―一九九一)は、「リット教育学の方法論」のなかで、とくに、第三節「弁証法と教育学」を取り上げ、リットの弁証法の特異性を明らかにしている。杉谷によれば、リットの弁証法がヘーゲルのそれと異なる所以が明瞭になるのは「リット[自身が]がコーン(Jonas Cohn)の弁証法によって根本的に影響されたといい、……それはコーンの『二極弁証法』(bipolare Dialektik)である。」と説明している(杉谷雅文著『現代哲学と教育学』一一五頁引用)。

コーンによれば、「弁証法は本源的には対話術(Kunst der Dialektik)である。そうして対話する二人の人間は対立若しくは矛盾せる意見の所有者でなければならない」と杉谷は付言し、ソクラテスに始まる対話法を説明している(同著一一五―六頁)。このようにヘーゲルの「一極弁証法」

に対し、シュライエルマッハーに淵源する「二極弁証法」をリットは取り入れて「最初から同じ価値を有する二つの契機が同時に対立しつつ関連する弁証法……物質と精神、身体と精神、生命と理念、個人と社会、素質と環境等幾多の二極の組織、『二元論の体系』の相互に浸透する弁証法」と杉谷は図入りで説明している(同著一一七頁)。

第2節　パースペクティヴィズム(遠近法主義)

著者が最初にこの言葉に接したのは、リットの著書である『近代の倫理学』(Ethik der Neuzeit)(一九二七)においてである。本書はリット著、関雅美訳『近世倫理学史』の書名で未来社から一九五六年に刊行された。

訳者あとがきによれば、「リットの哲学的努力は、何よりもまず精神科学、その方法論的原理、科学全体の中におけるその位置並びに文化的経験の概念的論究に向けられており、彼は自己の方法論的見解において、ディルタイの生の哲学、フッセル[フッサール]の意識の現象学、ナトルプの再構成的心理学、ヘーニスヴァルトの思考心理学に親近性を感じているが、とりわけディルタイの学派と呼びうる者の一人と見られている。」と極めて定説的な記述をしている(三九五頁)。

ここでリットが学問(科学)の方法的問題として、ヨーロッパ諸国——イギリス、オランダ及び革命以前のフランスにおける状況——の近世以降の問題と比較して、自国ドイツの状況を「五 ライプニッツとその後継者」のタイトルで説明していることが注目される。(一四一—一六五頁)

学術研究方法論の観点からみれば、具体的には、ライプニッツ(Leibniz)の『モナドロジー』(La monadologie, 1714)で、神の予定調和をまつとはいえ、自己完結的な小宇宙としてのモナドを擬する自我主体の存立を提起し、個別的存在の原理を説き、個性の形而上学的基礎づけに多くの示唆を与えたのである(参照:西勇論「リットにおけるパースペクティヴィズム(Perspektivismus)の成立—ライプニッツとの関連をめぐって—」一八—三四頁)。

リットはライプニッツを「その人格と思想体系によって、現代の精神運動への出発を具体化し実行している人」、「ドイツ哲学時代の開拓者」と評し、単子論的自我論を最初に展開した人物と位置付けたのである。

しかしながらリットによれば、ライプニッツの単子論的自我論や世界観にみられるパースペクティヴィズムが「『一と多』、『個と全』などの基本的な関係を解きほぐす契機やきっかけにはなりながらも、その構造連関を十分に解明することができず……これらの関係の構造や連関に対する全体観的な考察、とりわけその弁証法的な把握が必要である」とライプニッツを批判しているのである。ここでもリットの基本的姿勢は「全体観的構造連関」でありその把握である。われわれはこのリットのライプニッツ観から改めてその歴史観のもつ「奥行きの深さ」を実感するのである。

ただ承知の方もおられると思うが、一九四五年旧ソビエト連邦によって、ライプチヒ大学哲学部はもとより、ライプチヒ大学の守護神であるライプニッツ記念像までもが被害を被ったのである。このことはライプチヒ大学教授であったリットにとってはまさに〈故郷喪失〉と言ってもよい大事件であった。

引用・参考文献

1．杉谷雅文著『現代哲学と教育学』柳原書店、一九五四年。

2．西勇論「リットにおけるパースペクティヴィズム（Perspectivismus）の成立―ライプニッツとの関連をめぐって―」教育哲学会編『教育哲学研究』二五号、教育哲学会、一九七二年。

［外国語文献（Literatur）］

1. Th.Litt, Ethik der Neuzeit, 1927, s.76（関雅美訳『近世倫理学史』未来社、一九五六年）.

2. G.W.Leipnitz, Monadologie, hersg. von H.Glpckner, Reclam, 1966, s.12.

3. Karen Gaukl, Peter Gutjahr, Dieter Schulz, hersg. Theodor Litt – Pädagoge und Philosoph - Sein Ringen um die Freiheit in Forschung und Lehre -, 2 Auflage, Leipzger Universitätsverlag.

第3章　テオドール・リット：哲学者・教育者

――歴史的理性に基づく反省と提言

本章「テオドール・リット：教育者・哲学者―歴史的理性に基づく反省と提言」は、研究や教育の自由に関心を抱くわが国の学生・院生、さらには教育関係者を対象にその全体像を俯瞰することを目的に書かれている。できるだけリットと直接対面した人物の証言や論者自身の体験をもとに叙述することを心がけたいわば日本版「人間　テオドール・リット」の入門論である。

ただ論末のリット著作資料に関する説明での教育(学)以外の書物の紹介はあくまでもリットの社会哲学思想や論理のわが国に及ぼした影響関係の事例的なもので必ずしも体系的な考察ではない。

事例的な代表者として、(1)わが国を代表する倫理学者和辻哲郎(一八八九―一九六〇)の一九三〇年代リットへの抗論、⑵カール・シュミットの「制度体保障」論でドイツの憲法学者R・スメントを介して社会認識の革新を一九二〇年代リットの弁証法に言及する公法学者（憲法学）の石川健治（一九六二―）、そして⑶文化社会学者の蔵内数太（一八九六―一九八八）がいる。蔵内はE・デュルケムの社会実在論と心理学的社会学者J・G・タルドの社会名目論を統合するものとしてリットの〈遠近法主義的相互性〉による統合論に注目した社会学者である。

いずれも大変こみいった考察であるので、ここではリットの社会哲学の直接・間接的な影響作用の例として読んでいただければ幸いである。

第1節　テオドール・リットのナチズムとマルクス主義に対する抵抗

一般にリットは、ドイツに特有な教養層出身のリベラルな人物と評価されている。他方、ライプチヒ大学総長時期のナチズム学生同盟との激しい対立・抗争からは気質の激しい一面も窺われる。ライプチヒ大学時代のかつての同僚であった解釈学の大家、H・G・ガダマーはその著『哲学修業時代』（一九七七）のなかで、リットの素顔について言及している。

「ライプチヒの哲学は、特殊な状況に立ち至っていた。テオドール・リットは政治的理由から退職させられ、一私人として生活していた。……ゲーレンの後任として私はいきなりにただひとり、よるべもなく佇んでいたのである。」

もう一つ戦後の実例。

「弁舌の才に恵まれたテオドール・リットは、マルクス主義理念の批判も惜しまないその講義で大好評を博し、そのためロシア当局はついに彼を停職に処した。私はびっくりした。ナチの二の舞ではないか。同じことの再来。」「それは新しく獲得した研究と教育の自由に対する信頼をすべてぶちこわさずにはいなかった。」そこで総長のガダマーはロシア当局の最高責任者と交渉に出かける。素晴らしい通訳の介在によって「ロシア側は折れ――『あなたが責任をもちますね』――というものであった。」

このガダマーとロシア当局の交渉の「あなたが責任をもちますね――」という文言の背景には、第二次大戦後の一九四五年、リットはライプチヒ大学から請われて復職し、荒廃した大学の再建に尽力し、大学の『復興計画案』まで作成するが、研究と学問の自由を基本とするリットの姿勢が占領軍のソヴィエト的全体主義の施策とは全く相容れず、ここでも多くの軋轢を生むことになった事柄を指している。

リットにとってナチズムとソヴィエト的全体主義＝マルクス主義は同根という歴史認識であった。

これらナチズムとマルクス主義との軋轢・抗争をへて、一九四七年、リットは旧西ドイツ・ボン大学の要請を受け故郷に帰還し、哲学と教育学を講義することになる。制度面では現在のボン大学教育科学研究所創設の基礎を築いた。

一九五二年、リットはボン大学を退職する。しかしながらその後も大学で「哲学」を講義し、さらには大学主催の公開講座等で多くの聴衆を集め講演を続けた。

今回、本書第4章に収録した二つの記念講演は、大学主催の公開講座とは性質の異なる専門性の高い学術団体が主催するリット最晩年の講演である。一つは、一九五六年一月、ベルリン自由大学において開催されたE・ロイター（1889-1953, 元西ドイツ市長）追悼講演「事物化した世界における自由な人間」、もうひとつは、一九五九年三月、ベルリン建築家・技術者協会第一〇四回シンケル記念式典における記念講演でシンケル（Schinkel, 1781-1841）という一八世紀ドイツの新古典主義を代表する建築家を記念して創設されたこの伝統ある協会での記念講演「現代における生の力としての芸術と技術」である。その内容は、まさにリットが最晩年に到達したリット弁証法理論の〈美学〉といってもよい内容である。特に前者のエルンスト・ロイター追悼講演は、わが国は無論のこと、ドイツ本国でも見落とされ、論究されることのなかった晩年のリット像を提示す貴重な資料である。

第2節　テオドール・リットの人間像――リットと直接あって対話した人の証言から

わが国の教育哲学会を創設した稲富榮次郎（一八九七―一九七五）は、渡独中の一九五三年六月三日、リットの「ドイツ大学とギムナジウム」と題する約一時間半にわたる講演を約五〇〇人の聴衆とともに聴いている。さらに、六月一六日にはリットの講義を聴きに出かけている。リットは「授業のベルがなると、途端に入口のドアをあけて入って来た。六尺豊かな偉丈夫で度のきつい眼鏡の奥から、温和にして鋭い眼が光っているのが印象的だった。」稲富のなんという洞察力か！続いて「講義は『自然科学的認識について』という題目の下に行われ、内容は歴史と自然との差異に関する、新カント学派的解釈を基礎としたもので、別に目新しいものとは思われなかった。しかしノートも参考書も持たず、文字通りの手ぶらで、カント、ヘーゲル、ジンメル、ディルタイなどを縦横に引用して一時間ぶっとうしにしゃべり続けるその博学と精力とには全く感服せざるをえなかった。」この稲富の記述から私たちはドイツの教授の講義の手法の一端を知ることが出来る。一般に、ドイツの大学での講義は、自己の立場を明確に示して対象人物の学説を徹底的に精査し、賛同する場合は、最後に、自分がその後継者であり、反対の場合は、ドイツ大学の「神聖なる野蛮」とも言われるように、同僚や対立者を徹底的に攻撃し駆逐するのである。ただし攻撃は個々の人格には決して及ばないという鉄則である。どこかの国の大学人のような個人的な風評による人物中傷とは異なる。

最後に稲富は、リットに会って質問したい事項を十一項目程用意してそれに従い話しを進めている。リットの回答を要約すれば、①アメリカの教育学は、心理学と社会学を基礎とした経験的技術学であって、これに対してわれわれドイツの教育学者は精神科学的立場で、賛成できないこと。②リットの思想に最も大きな影響を及ぼしたものはディルタイ、ジンメル、トレルチの三人であり、カント、フイヒテ、ヘーゲルなどドイツ観念論の哲学からも決定的に影響されたこと。③同じような立場で教育の問題を探究しているものは、リットの外に、シュプランガー、フリットナー、ヴェーニーガー、ノールの四人であること。④当時ヘーゲルに関する著作を公にしたことに関しての見解として、ヘーゲルの哲学はそのすべてが今日その生命を有するとはいうことができないが、しかしその中にも今もなお妥当する見解がないわけでないこと。⑤最後に、現在の世界的危機のにおいて、教育学の課題は「この危機的時代を克服することこそ教育学の使命である」と即答したこと等である。

第二次大戦後の一九五〇年代という早い時期におけるこの稲富の証言は、リットの〈生の声〉としてきわめて重要と考えて紹介した。稲富は「リットがドイツの二〇世紀における秀れた哲学者であり、ドイツ観念論哲学の一齣を飾る大きな存在であったことは否定できない」と結んでいる（稲富栄次郎「リット教授の想い出」『教育哲学研究』第八号、一九六三、一二一―一二三頁）。

なお、戦前の一九二〇年代に直接リットのもとで指導をうけた人物として戦後広島文理科大学で学長を務め『原爆の子』を編纂した長田新（一八八七―一九六一）がいる。その著『独逸だより再遊記』（一九三二）に「リット教授のこと」の一文を収録している。その他、旧東京帝国大学の入澤宗壽もこの時代ライプチヒ大学でリットと会見しているし、著書『教育哲学』（一九四一）においてリットに言及している。一九二二―二四年にライプチヒ大学に留学した心理学者城戸幡太郎がリットと会見したか否かは不明である。

リットと日本人との関連といった点では、二人の留学生がドクトラントとしてライプチヒ大学でリットの指導を受け、一九二五年三月二三日 Ryukzo Nitta がそして一九三二年三月二七日 Itsuaki Hatsukade が学位論文を取得している。両者共に、当時の大谷大学出身の仏教徒である (vgl., Yoichi KIUCHI;Begegnung der Buddhisten mit Litt-Zwei japanische Mönchals Promovenden in Leipzig, in:Theodor-Litt-Jahrbuch.Leipzig (Leipziger Universitätsverlag) 2012/8)。

第3節　テオドール・リットの思想——日本語文献を中心として

一人の偉大な人物の全体像を捉えることは極めて困難なことだ。

一九九八年刊行の『岩波哲学・思想事典』では、リットは「現象学的社会学」の項目の中で、一九二〇年代、前・中期フッサール現象学に影響を受けた人物として記されているし、「陶冶・教養」(ドイツ語のビルドゥング)の項目では、一八世紀後半の「ドイツ新人文主義」思潮の概念であるヘーゲル哲学の重要な術語とされるこのヘーゲルの陶冶概念を教育理論のなかに活かそうという現代の試みがリットなどであると説明されている。
従って、われわれはリットの思想を一八世紀後半のヘーゲル哲学の特殊ドイツ的な「陶冶・教養」という「人間形成(ビルドゥング)」論として把握すると同時に、前・中期エドムント・フッサールの超越論的現象学にみられるヨーロッパの危機意識にも目配りする必要のある思想と理解する。

他方、一九六二年、理想社刊行の『教育人名事典』では、わが国のリット研究の第一人者である杉谷雅文が「全体観としての教育学」として次の様に解説している。「リットの教育学が現代の教育学界でもつ意味は、その体系的・組織的な点と、鋭く深い論理的な組み立てによって、教育活動を真に具体的・全体的なものに近づけたことにある。」としている。すなわち、教育学は主観と客観、個人と社会、身体と精神、存在と当為、作用と内容、体験と表現、表現と理解、素質と環境、時間と永遠などという、諸契機の分裂、闘争、これらが互いに調和と統一とを目指して止むことなく前進し変化する社会と歴史、生命と論理との如実の姿としてとらえ、そこから真に具体的な全体的な人間の形成を意図する教育学。これがリット教育学の一大特色である。」と説く。その論理の中心に弁証法があり、ヘーゲル哲学、ジンメルの生命哲学が力強く生きているとして、その影響関係を述べている。

この杉谷による理想社刊行『教育人名事典』(一九六二)の項目「リット」は、杉谷の学位論文『現代哲学と教育学』柳原書店(一九五四)によって詳論され、わが国におけるリット研究の最高峰をなすものである。同時に杉谷は、リット教育学研究への導入を促すために、特に、学生・院生を意識して、西洋教育史シリーズ13『リット』牧書房(一九五六)も刊行している。そして杉谷は、教育哲学会編『教育哲学研究』第八号(一九六三)の故テオドール・リット博士追悼特集で「リットの現代教育学に対する貢献」のタイトルで「八十二年の永い生涯において、新カント学派、生命哲学、現象学、弁証法、実存哲学などの広い学問的巡礼をしつづけて、ドイツや他の国々に大きな影響を与えたリットも今やあの世にあって、高い所から地上を見下ろし、そこに彼の残した業績を人類共通の共同遺産と見なし、もはや『それは私のものだ』、などとは言わず、神と共にほほえんでおるのではあるまいか。」と結んでいる。印象深く忘れ難い一文である。

第4節　最晩年のテオドール・リット

すでに言及したように、一九四七年、ボン大学への帰還後のリットは、ドイツ連邦における哲学、教育学の重鎮として公的機関とも関わり、また科学、芸術、文化、教育等の各専門分野からの依頼による学会、研究集会等で基調講演を数多くおこなっている。それらの功績によって、一九五四年には「学術功労賞」を受賞、また一九五五年七五歳の誕生日には西ドイツ大統領からドイツ復興に功績のあった者に与えられる「星十字大功労賞」プール・ル・メリット学術勲章を授章した。この勲章はわが国の文化勲章に匹敵する学術功労賞で、その受賞者は同時にその受賞者で構成される会、すなわち、一八四二年、ヴィルヘルム四世によって制定され、一九五二年ドイツ政府によって新たに承認されたドイツ人三〇名、外国人三〇人を定員として、会員が死亡した場合にのみ推薦よって補充されるという会の会員に推挙される。

驚くことはこの受賞記念講演のリットの講演内容である。

その講演タイトルは「科学の公的責任」であるが、予断を許さない緊張感のある、かつ雅文ともいえる文体で、講演内容も改めてわれわれに人文学の本道を示すものと感服させるに十分な講演である（テオドール・リット著、小笠原道雄・野平慎二編訳『科学の公的責任―科学者と私たちに問われていること』東信堂、二〇一五年を参照されたい。）。

第5節　テオドール・リットの主要著作

リットの主要著作――本著作目録はリットのボン大学時代の弟子F・ニコーリンが作成した二つの著作目録を、ボン大学に留学した鈴木兼三跡見短期大学講師（当時）が作成した「故　テオドール・リット博士 略歴および著作目録」を参考にして作成したものである（教育哲学会編『教育哲学研究』第八号　一九六三、巻末から七―一九頁参照）。

その著作目録からは単行本五三冊、論文・論説・講演二〇八点があげられる。ただこのような著作中心の紹介ではなかなか「人間リット」が見えてこない憾みがあるが、ここでは主著と邦訳書を中心に邦文名で挙げる。

『歴史と生』(Geschichte und Leben-Probleme und Ziele kulturwissenschaftlicher Bildung) 1918.［注意すべきは、リットは改訂版を出版する度に増補し、副題も変える場合があり、リット自身一九三〇年刊行の本著第三版を読むように指示している。］

『個人と社会』1926.［本著についても一九二六年刊行の増補・第三版を指示。］

『近代倫理史』1926. 関雅美訳『近代倫理史』未来社、一九五六年。

Th.Litt『教育学の可能性と限界』Teubner, 1927.

Th.Litt『指導か放任か―教育学的根本問題の討議』Teubner, 1927.1931 最終改訂版に副題「教育学的思考の本質」を挿入。

『指導か放任か』1927. 石原鉄雄訳『教育の根本問題』明治図書、一九七一年。

『科学・教養・世界観』1928. 石原鉄雄訳『科学・教養・世界観』関書院、一九五四年。

『歴史と生』1930. 小笠原道雄・野平慎二編訳「現代を歴史的に理解する」所収：『歴史と責任―科学者は歴史にどう責任をとるか』東信堂、二〇一六年、三―六五頁。

Th.Litt『カントとヘルダー』Heidelberg:Quell u. Meyer, 1930.

Th.Litt『哲学入門』Teubner, 1933.

Th.Litt『人間の自己認識』Leipzig:Meiner, 1938.

Th.Litt『ドイツ精神とキリスト教』Leipzig:Klotz, 1938.
Th.Litt『プロテスタントの歴史意識』Leipzig:Klotz, 1939.
Th.Litt『精神科学的認識の構成における普遍的なもの』Leipzig:Hirzel, 1941.
Th.Litt『J.G.・ヘルダーによる歴史意識の解放』Leipzig:Seemann, 1942.
Th.Litt『国家権力と人倫性』München:Erasmus Verlag, 1948.
Th.Litt『歴史的思考の正路と邪道』München:Piper, 1948.
Th.Litt『人間と世界』München:I.& S.Federmann, 1948.
Th.Litt『思惟と存在』Stuttgart (bzw.) Zurich:Hirzel, 1948.
Th.Litt『ヘーゲル ― 批判的復興の試み』Heidelberg: Quell u. Meyer 1952.
Th.Litt『自然科学と人間陶冶』Heidelberg: Quell u. Meyer, 1957.
Th.Litt『生けるペスタロッチー』Heidelberg: Quell u. Meyer, 1952.
杉谷雅文・柴谷久雄訳『生けるペスタロッチー』理想社、一九六〇年。
Th.Litt『ドイツ古典主義の陶冶理念と現代の労働世界』Bonn:Heimatdien1955. 荒井武・前田幹訳『現代社会と教育の理念』、福村出版、一九八八年［翻訳書は改訂第六版（一九五九）による。］
Th.Litt『歴史的意識の再覚醒』Heidelberg: Quell u. Meyer, 1956.

Th.Litt『技術的思考と人間陶冶』Heidelberg: Quell u. Meyer, 1957. 小笠原道雄訳『技術的思考と人間陶冶』、玉川大学出版部、一九九六年。

Th.Litt『東西対立に照らした科学と人間陶冶』Heidelberg: Quell u. Meyer, 1958. 小笠原道雄・野平慎二／編訳書『科学の公的責任』東信堂（二〇一五）は原著二版（一九五九）の二二八―二六二頁を訳出したものである。

Th.Litt『職業陶冶 - 専門陶冶 - 人間陶冶』Bonn:Bundesheimatdienst, 1958.

Th.Litt『現代における生の力としての芸術と技術』1959.［一九五九年三月一三日　開催された第一〇四回シンケル協会記念講演であり本邦初訳である。］

Th.Litt『自由と生の秩序 - 民主主義の哲学と教育学』Heidelberg: Quell u. Meyer, 1962.

その他、リットにはレクラム版ヘーゲル著『歴史哲学』に長文の序文「ヘーゲルの歴史哲学」を執筆している。

これら主要な著作のタイトルからもわかるように、リットの学問研究の中心テーマの一つは歴史学および歴史哲学であったと言ってよい。近代の歴史学の開祖ともいわれるJ・G・ヘルダー（1744-1803）、ドイツ観念論や歴史哲学の完成者とされるG・W・F・ヘーゲル（1770-1831）、近代精神史研究の第一人者と称されるW・ディルタイ(1833-1911)、現代の歴史哲学を基礎づけたH・リッケルト(1863-1936)、さらには名著『歴史主義とその諸問題』で地上と天上の文化を総合する歴史学を説いたE・トレルチ(1865-1923)等、リットは広く、豊かに研究した。これら豊かな深い歴史的感覚と歴史意識とが、リットの著作、論文に貫かれている。

リットの学問研究のもう一つの中心テーマも、これら歴史学および歴史哲学に基礎づけられ、方向づけられた教育学、すなわち「人間陶冶(人間形成)」の学である。すでに言及し叙勲記念講演「科学の公的責任」も今回のシンケル記念講演「現代における生の力としての芸術と技術」もまたしかりである。

第6節　著者のリット体験——リットへの追憶

最後に二、三、著者のリット体験(学会や記念大会でのリットの関係者との出会いや対話を含む)やリットへの追憶を述べて本章を結びたい。

一九八〇年、リットの後任者であるヨーゼフ・デルボラフ (Josef Dervolav) ボン大学教授のもとでフンボルト財団による二度目の長期研究員の機会をえた。丁度その年は、リット生誕百年の記念の年ということもあって、デルボラフ教授は冬学期で「テオドール・リットの哲学と教育学」のゼミナールを行い、私もそのゼミに参加した。この間の一二月五・六日の両日、リット生誕百年歳がボン大学で盛大に行われた。それにも教授のご好意で出席させていただいた。その折、リットのご長男、ヴァルター・ルドルフ・リット氏(当時、ノルトライン・ヴェストファーレン州文部次官)が父、リットについて語った言葉が忘れがたい。父リットがギムナジウムの教師として古典語を教えていたある日、教室が急に静かになって気がついて生徒の席の方を見ると、生徒の姿がほとんど教室からきえていたこと、そして、リットが大のワイン愛好家で、その上、相当の皮肉屋だったこと等、実例を挙げて、父人間リットについて語られたことである。同時に、ナチ時代わが家庭は崩壊の危機にあったこと等も淡々と語られた。

リットは一九一〇年結婚し、一人の娘と二人の子息という家族構成であるが、長女が一九三〇年ナチ女子親衛隊に入り、大学総長のリットと激しく対立していたからである。ヒットラー体制下の一九三〇年、長女は焼死体で発見されたと聞いている。

リット家族との出会いということでは、二〇〇九年一〇月、ライプチヒ大学テオドール・リット・国際会議で、八五歳のレナーテ・リット夫人(Frau Renate Litt)と隣席し、親しくお話ができたことである。主人リットのピアノ演奏が素晴らしいこと。一九二〇年代には同僚でノーベル物理学賞を受賞したW・ハイゼンベルクと家庭音楽会を自宅で興じたこと等々。その音楽的才能を長男ルドルフが受け継いだが、第二次大戦の戦地で負傷しその道を歩めなかったこと。さらにはリットが、風刺画(カリカチュア)の名手であったこと等をおおらかに語られた。本書巻末にライプチヒ大学リット研究所学芸員K・ガウケル(Gaulkel)女史のご好意でその風刺画二点を付した。

国際会議で忘れられない体験がある。東西ドイツ再統一後の一九九〇年一〇月、テオドール・リット・協会がライプチヒ大学に設立され、国際会議が開催されるようになったが、翌年の第二回会議に私は初めて出席した。

一九八一年以来、渡独の折にはボン大学でデルボラフ教授そしてマールブルク大学のW・クラフキ教授を尋ね研究指導を受けていたが、第二回会議でクラフキ教授と出会うことになる。会場の大学本部棟がわからず、右往左往、開会直前のライプチヒ大学の大講堂に入ると、突然、クラフキ教授がまるで慈父のように大声で〈広島の地からこんな遠いライプチヒまで来たのか！〉と叫び、私を抱きしめてくれた。同時に、ボン大学のR・ラサーン教授からも握手を求められた。主催者・参加者の方々も皆さん拍手で迎えてくれた。昼食時にはクラフキ教授の案内で近くの荒れはてたライプチヒ大学学生食堂でザウアークラフト［ドイツの漬物］とヴルスト［ソーセイジ］をとり、二時間程度懇談した。テーマはリットとナチズム問題であった。

W・クラフキ・マールブルク大学教授（1927-2017）も一九五二―五七年の大学院生の期間、ボン大学で合計四学期、直接リットから指導を受け、その後、一九八二年には四九九頁という浩瀚な研究書『テオドール・リットの教育学―批判的回想』を刊行している。同書には「回想のテオドール リット（1880-1962）」という献辞が記され、師リットへの想いが偲ばれる。同書からも、W・クラフキがボン大学で直接リットのゼミナールに出席していた当時の雰囲気が読み取れるのである。

一九八九年一〇月には三週間、日本学術振興会とドイツ学術交流会（DAAD）の支援を受けて、ご夫妻を日本に招待し、教育哲学会や各地の大学での講演をいただき大変な反響があった。その来日講演録『教育・人間性・民主主義』（玉川大学出版部、一九九二）の第九章「精神科学的教育学の国家社会主義（ナチズム）との関わり」からは、W・クラフキ教授が保守主義的な立場であるリットのナチズムに対する評価が極めて慎重かつ冷静な立場であるとの印象をうける。保守的な立場での抵抗運動を遂行する中心的人物ライプチヒ市長C・ゲルデラー（Goerdeler, 1884-1945.2.2. 刑死）とリットとの親交の度合いが不明な時期での叙述で止むを得ない面もあろう。手元にある浩瀚なP・ホフマン（Hoffmann）著『カール ゲルデラー―ユダヤ人迫害に抗して』（Boehlau Verlag）が刊行されたのは二〇一三年である。

「テオドール・リット・国際シンポジウム」に話しを戻そう。

一九九七年九月、ライプチヒ大学教育科学部二階の一室にある「テオドール・リット・研究所」は、リットに関する著作を含む遺品のすべてをご遺族のご意向で寄贈を受けた。これを受けてライプチヒ大学当局は、大学外人局を中心に、哲学を含む文化・教育の振興をはかるために「精神科学研究施設」を構想する。何分にも、一四〇九年創立のライプチヒ大学は一九二〇・三〇年代ベルリン大学と共に世界における研究・教育のメッカであった。「人文学」研究分野の中心には若いリット、解釈学の巨匠H・G・ガダマー、W・ハイゼンベルク（ハイゼンベルクはカント研究者でもあった）らが激動の時代を透徹した思想と理論によって探求した。これらの伝統の上に立って大学はライプチヒ大学古文書館にリットの草稿の講義資料を含む全ての遺稿を収納し完備した。こうして一九九七年「精神科学的教育学の研究並びにその育成のためのリット協会」の設立によりライプチヒ大学テオドール・リット協会は創設されたのである。

この協会を中心にして、毎年「テオドール・リット・国際シンポジウム」が開催されることになった。

第二回以降、私は毎年ライプチヒ大学で開催される「テオドール・リット・国際シンポジウム」の主催側から招待を受け、日本での勤務機関の都合が許せば参加し、テーマによってはドイツ語での講演も引き受けてきた。

中でも最も強い印象を受けたのは、二〇一一年三月一一日の東日本大震災を受けて開催された第一五回大会が、一九五七年のリットの言辞『原子力時代—自然科学と技術の極大値・最高値の責任』をテーマにして開催されたことである。

ご承知のように、東日本大震災時の東京電力福島第一原発事故は、六〇年代以降、国、地域、電力関係機関は無論のこと、メディアまでもが、原発の「安全神話」を強力に宣伝し形成してきたのである。

リットの国際シンポジウムの主催者からは「広島、長崎という世界で最初の原爆の大惨事を体験した国民が福島で三度体験するとは！」と悲痛な叫びが寄せられた。即刻ドイツは国内の原子力発電を廃止し、電力を代替エネルギーによることに舵をきった。

このように一九五七年のリットの提言はドイツの脱原発思想の源流ともなったのである。さらにリットの提言は続く。「核エネルギーは経済的問題、政治的問題として解決出来る問題ではなく、位相の異なる倫理的問題として、『人類に対する責任』という観点から考察し、対応しなければならない」と。

リットの提言は、約七〇年の時を経て、今日広島に生きる教育者や科学者に、さらには、「自由」と「平和」を希求する日本国民にも訴えかけている。

二〇一二年七月一六―一七日の両日、ボン大学、ライプチヒ大学そしてドイツ連邦政府中央政治局の共同主催でリット没後五〇年を記念して、母校ボン大学で第一六回テオドール・リット・シンポジウムが開催された。海外の九カ国からの参加者を含め百名程度の参加者を得て盛会で実り豊かなものであった。今回私は、主催者から「日本の教育哲学会を代表して参加された」と紹介され、主賓として最前列の中央に座らされた。また、大会初日の夕食時には慣例に従い

『テオドール・リット年報二〇一二』が参加者に配布され、そこに寄稿した拙論「『原子力時代』の現代的理解と日本の教育哲学者長田新の行動―テオドール・リットとの比較」が紹介され、日・独の比較研究によって「リット研究の領域で新たな一頁を開いた」との過分な評価を受けた。

このように著者はリットの生誕百年、さらに没後五〇周年記念と二度にわたる記念の国際集会に参加でき、その僥倖に感謝している。

リットのナチズムに対する「抵抗」については、すでに記述したように保守派抵抗組織の中心人物、ライプチヒ市長カール・ゲルデラーとの親交や接触に関する貴重な二冊の著作がある。Gerhard Ritter, Carl Goerder und die Deutsch Wiederstandsbewegung, Deusche Verlags-Anstalt Stuttgart, 1955. Peter Hoffmann, Carl Goerder gegen die Verfolgung der Juden, Boehlau Verlag Köln 2013.

今後これらの資料を解読することによって本格的な保守派抵抗運動の実態が解明されることが期待される。

最後に、今日ライプチヒ新市役所正面入口前に市民によって設置されたカール・フリードリヒ・ゲルデラー記念碑について言及して本節を結びたい。

丁度市役所正面の市長執務室の三階窓から俯瞰されるこの小さな円筒型のデンクマールは、円筒に書き込まれた多くの文言からわれわれに逮捕直前のゲルデラーの心象風景を追憶させる。ここは言葉を失うほどの静寂な空間である。

第7節　テオドール・リットに関する日本語文献

村上俊亮・海後宗臣共著『リットの文化哲学と教育学』目黒書店、一九二八年。

宮野安治著『リットの人間学と教育学―人間と自然の関係をめぐって』渓水社、二〇〇六年。

宮野安治著『政治教育と民主主義―リット政治教育思想の研究』知泉書館、二〇一四年。

西方守著『リットの教育哲学』専修大学出版局、二〇〇六年。

村上俊亮論「リットの哲学と文化教育学」教育思潮研究会編『教育思潮研究』第一巻 第一編、目黒書店、一九二七年、八八―九五頁。

竹井彌七郎論「テオドル・リットの教育学と文化教育学」教育思潮研究会編『教育思潮研究』第一巻 第一篇、目黒書店、一九二七年、九五―一一六頁。

ライニッシュ編 田中元訳「リット 歴史の意味の自己特殊化」所収：『歴史とは何か—歴史の意味—』理想社、一九六七年、八六—一〇八頁。

西勇論「リットにおけるパースペクティヴィズム（Perspektivismus）の成立—ライプニッツとの関連をめぐって—」教育哲学会編『教育哲学研究』第二五号、教育哲学会、一九七二年、一八—三四頁。

新井保幸論「リットのナチズム批判」教育哲学会編『教育哲学研究』第四六号、教育哲学会、一九八二年、一一—一五頁。

鈴木聡論「教育における伝統と未来、拘束と自由をめぐる問題—G・ヴィネケンとTh.リットを中心に—」日本教育学会編『教育学研究』第五二巻 第二号、日本教育学会、一九八五年、五二—六一頁。

宮野安治論「リット政治教育思想の研究（Ⅶ）—共産主義と自由の問題—」『大阪教育大学紀要 第Ⅳ部門』第六一巻 第一号、大阪教育大学、二〇一二年、二七一—二八四頁。

教育（哲）学関係以外の学問分野で言及されている日本（語）でのリット論

1．わが国を代表する倫理学者であり哲学者・思想家の一人である和辻哲郎のリットに関する抗論

和辻哲郎は論文「カントにおける『人格』と『人類性』」の八「人格と人類性」（『和辻哲郎全集第七巻』岩波書店（一九六二））においてリットに言及し、現象学の立場から「個人と社会」の問題を根本的に解こうとしたリットの企ては、「すこぶる異色あるものいうことができるが、まさにそのゆえに、人間存在の考察が自我意識を出発点とすべきでないという我々の主張は、彼において顕著な逆証を見いだすことができるのである。」としリットの伝統的なデカルト的な人間の社会的個人的な二重性格の試みは「きわめて見事に失敗している」としていると断罪している（三九二頁）。

他方、リットの現象学的自我から出発して、次に時間や歴史を体験自我のひとつを中心において「遠近法的に統一」される『体験全体』にその一契機」が属するとしたことは、「全体と契機との関係が正しく適用されている」と認めてよいとしている。しかしながら、和辻は「体験全体がいかに現象学的に明らかにされ得たとしても、それは我々の意識圏を超えた全体について何の寄与するところもない。」と判断し、「しかるにリットはこの限界を認めようとはしないのである。」と結論している（三九六頁）。

このように和辻とリットとの論点の核心は、「知」（Wissen）と「有」（Sein）との関係の問題を巡

る本質的な論へ展開する。そこからリットの「全体と個との弁証法的関係」の吟味が必要とされ、さらには、個人的・社会的という人間存在の「二重性格」の解明への「正しい緒が存する」と和辻は結ぶ。われわれは、和辻が昭和一〇年『思想』に執筆した本論から日本における当時のリット解釈とその評価の一面を窺うことができる。

2. 石川健治著『自由と特権の距離――カール・シュミット「制度体保障」論・再考――』[増補版] 日本評論社(二〇〇七)

本書は副題に示されている通りカール・シュミット論であり、直接リットを扱ったものではない。周知のように、シュミット(Schmitt 1888-1985)は、二〇世紀ドイツの思想家、法学者、政治学者、哲学者で、とりわけ、法哲学や政治哲学の分野で大きな功績を残した人物である。政治学に疎いわれわれにも「敵―味方」概念の提示者としてその名は知られている。

シュミットはベルリン大学等で学び、ボン大学、ケルン大学で教授を歴任し、ナチス政権が成立した一九三三年から一九四五年まで、ベルリン大学教授を務めた。一九三三年からナチスに協力し、ナチスの法学理論を支えた。だがナチス政権の成立前の一九三六年に共産主義者と国家社会主義者(ナチ)を内部の敵として批判したことなどで失脚している。第二次世界大戦後逮捕され、ニュルンベルク裁判で尋問を受けたが、不起訴となった。

このシュミットの来歴からみると、リットとの交点は何処に存するのであろうか。そこには錯綜した近代ドイツ大学の〈学問の自由〉〈教育・研究の自治〉成立の歴史が背景として存在する。石川は制度的保障における制度の一つの欠落として職業官僚制の保障の問題から論を展開する。一般的な教科書で引用されているのは、シュミットによる制度的保障を「真正の例」とし、何故かその精査を回避し続けてきたという（五頁序）。

石川は本著ⅡA〈制度〉の文法のB公法上の制度体1「ドイツ的大学」と大学人の項（一一四頁）で教育学者F・パウルゼン（Paulsen 1846-1908）における「ドイツ型の大学」、R・スメント（Smend）による「ドイツ的大学」の精神史的考察——大学の基本権、シュミットとスメント——制度体保障による対応を取り上げ論究する。当然論究の支柱は制度体保障であるが、その保障に大学の基本権として「ドイツ的大学の精神史的考察」がなされ、〈精神科学の特殊ドイツ的意義と今日的可能性〉が吟味されることになる。

石川によれば、大学における基本権論上の焦点は〈教授の自由〉であるが、教育史家のF・パウルゼンが説く〈教授の自由〉論は法解釈論に決定的な影響を及ぼすことがなかったという（一一六頁）。

石川の判断では、この状況を大きく変えたのは『自由な意見表明の権利』をテーマとしてミュンヘンで行われた一九二七年三月末のドイツ国法学者大会であった（一一六頁）。R・スメントは従来の実証主義公法学の形式性を批判し、憲法条文の含蓄を汲み尽くすためにの精神史的考察（精神科学的方法）の有効性を強調するとともに……「教授の自由」を主たる考察対象に据えた。」（一一六頁）。この精神史的考察こそ特殊ドイツ的方法論として、一九二〇年代以降W・ディルタイ（Dilthey）の「精神科学的教育学」の名称で世界の教育学研究を席巻するのである。このR・スメントの提言に刺激を受けながら、W・ディルタイの〈生〉の哲学、意識の社会的な規定性を説くG・ジンメル（Simmel）の哲学・社会学からの理論的な影響を受け、それらをヘーゲルの弁証法を基礎に「個人と社会」の根本的な問題を論究したのがリットであった。リットの『個人と社会』（Individuum und Gemainschaft Grundfragen der sozialen Theorie und Ethik）の初版が刊行されたのは一九一九年であった。しかし一九二四年の第二版では全面改訂されサブタイトルも変更して「文化哲学の基礎」とされ、さらに推敲されて一九二六年（現在の）版として普及するのである。リット自身も本一九二六版を利用するよう注意をうながしている。

最後に、わが国で〈現象学的・文化社会構造論〉とも考えられるリットの〈遠近法主義的相互性〉理論を援用して、社会的交渉の諸形態を明らかにしようとした社会学者蔵内数太（一八九六

―一九八八)を紹介しておく。

蔵内は一九二〇年代のドイツの社会学者マックス・シェーラの知識社会学に影響を受けた文化社会学者であるが、同時に、フランスの社会実在論(デュルケム)と社会名目論(J・G・タルド)の対立を、リットの〈遠近法主義的相互性〉の方法によって社会的交渉の諸形態による統合論に注目した社会学者である。(項目:「重層的社会―深さの社会学」所収:北川隆吉監修『現代社会学辞典』有信堂、一九八四、四九四頁参照)。なお、蔵内には『文化社会学』培風館、一九四三年がある。

引用・参考文献

1. 和辻哲郎論「カントにおける『人格』と『人類性』」(和辻哲郎全集第七巻)岩波書店、一九六三年。
2. 石川健治著『自由と特権の距離―カール・シュミット「制度体保障」論・再考―〔増補版〕』日本評論社、二〇〇七年。
3. 蔵内数太論「重層的社会―深さの社会学」北川隆吉監修『現代社会学辞典』有信堂高文社、一九八四、四九四頁。
4. 稲富栄次郎論「リット教授の想い出」『教育哲学研究』第八号、教育哲学会、一九六三年。
5. テオドール・リット著、小笠原道雄・野平慎二編訳『科学の公的責任―科学者と私たちに問われていること』東信堂、二〇一五年。

第4章　テオドール・リットの人間観
――最晩年の三つの講演から

第1節　プール・ル・メリット学術勲章（Orden Pour le Mérite für Wissenschaft）受賞記念講演（1956）

「科学の公的責任」（解題）

この論文は、プール・ル・メリット学術勲章の受章を記念して、リットが一九五六年六月に行った講演が下敷きとなっている。この講演はその後論文として仕上げられ、『東西対立に照らした科学と人間陶治 Wissenschaft und Menschenbildung im Lichte des West-Ost-Gegensatzes』（1958）Quell & Meyer, Heidelberg から刊行の第五論文として収録された。原文（ドイツ語）では ss.157-190.

という三三頁にも及ぶ大部なものであることから、ここでは読者の便を図り「解題」としその内容を紹介する。あわせて、本論文は、テオドール・リット著、小笠原道雄・野平慎二編訳『科学の公的責任―科学者と私たちに問われていること』のタイトルで二〇一五年八月三一日付で東信堂からから刊行されているのでそれを参照されたい。

この著作の標題に示されているように、晩年のリットにとっての主要な課題のひとつは、共産主義思想に対する批判的対決であった。戦後、リットはライプチヒで活動を開始するが、そのライプチヒは一九四五年七月にはソヴィエトの占領地区となる。そして、教育の自律性を擁護しようとするリットの講演(一九四六年六月)が党派的な介入を受けるといった出来事も生じるに至り、一九四七年九月、ライプチヒでの活動に限界を感じたリットは、ボンに移ることになった。

二一世紀の今日でこそ、私たちは共産主義を一種の壮大な歴史的実験として振り返ることができる。けれども第二次世界大戦直後の時点では、共産主義は自由主義と並んで世界を二分する思想的、政治的な規定力をもっていた。しかし、すでにナチズムのなかに自由と民主主義に対する全体主義的抑圧の本質を見抜いていたリットは、上記のような個人的な体験もあって、共産主義のなかにナチズムと同様の本質を見て取り、共産主義に対する理論的、批判的検討を一九五〇年代後半以降の主要な課題としていくのである(なお、共産主義思想に対するリットの批判的対決については、宮野安治「リット政治教育思想の研究(Ⅶ)―共産主義と自由の問題―」において詳細な考察がなされている)。

もっとも、『東西対立に照らした科学と人間陶冶』に収められている他の論文に比べると、「科学の公的責任」においては、共産主義に対する直接的、全面的な分析・批判は展開されていない。この論文のなかで共産主義に言及されるのは、論文の後半になってようやく、政治による科学的真理および人間の歪曲が糾弾される箇所においてである。「形態や管理を通じて人間の生の「自然法則」を完全に実現させることを天職と信じる国家が人間を支配した場合、人間がどうならなければならないのかを、無類の世界史的実験を通じて目前に展開したことは、共産主義国家の否定しえない功績である」(「科学の公的責任」、五一頁)と、リットは皮肉たっぷりに批判する。ただしそのすぐ後では、いわゆる自由主義諸国においても同様の問題が見て取れる、と警告が発せられている。すなわち、「科学の公的責任」における重点は、共産主義思想との対決という時代背景をもちつつも、科学と政治と自由との関係の解明に置かれているのである。

ボンに戻ったリットにとって取り組むべき重要な課題は、(西)ドイツの民主主義化に定位した「政治教育の問題」(共産主義思想との批判的対決もこれに含まれる)、および「組織された現代社会における「科学技術と人間陶冶の問題」であった(この点については、リット著(小笠原道雄編訳)『原子力と倫理―原子力時代の自己理解』の「解題」(とりわけ七九―八三頁)も参照されたい)。折しも、一九五〇年代後半は、東西冷戦の激化を背景に、(西)ドイツへの核兵器の配備および国防軍の核武装計画が進められていた。人間が開発した科学技術のために、人間自身の絶滅の危機が現実的な可能性として導入された。こうした情勢を背景に、著名な物理学者や哲学者が相次いで核エネルギーの軍事利用に反対する声明を発表した。

「科学の公的責任」の冒頭では、まずこうした科学者の行動が取り上げられる。その行動に対するリットの評価は否定的である。科学者の使命は対象ないしは真理を客観的に解明することであり、もしもそこからさらに進んで政治や社会の流れに方向づけを与えようとするならば、その理由や動機がどのようなものであれ、それは「科学の悪用、さらには偽造に等しい」(六頁)のである。また、科学者の使命は真理の解明であり、公衆に真理を告げ知らせることで「公的な責任」を果たしているのだが、それは同時に、人間の自由な生を可能にするという意味での責任でもある。「まさに、真理こそが今日に生きる私たちを自由にできるのだ!」(一二頁)とリットは強調する。

もっとも、今日の科学はこのような責任を果たしがたい形態を取るに至っている。これについてリットは、科学を「人間以外のものに関する科学」すなわち自然科学と、「人間に関する科学」すなわち人文社会科学に区別して論究する。前者の自然科学に関して、原子物理学の研究者はなぜ人類絶滅の可能性をもたらす地点まで研究を進めたのか、逆に言えば、その地点の手前でなぜ研究を止めなかったのか、という非難が向けられうる。実際、物理学者たちはその地点を過ぎた後になって、おそらくは自らの良心に従って、研究成果の「誤用」に対する反対声明を出したのである。しかしリットによれば、真理探究の歩みは古代から現代に至るまで論理的に不断に蓄積されてきているのであり、その歩みに対して科学(者)自身が「ここまでは善い、ここから先は善くない」などの価値判断を持ち込むことは不適切である。科学の使命は真理の解明であり、科学者自身がその歩みを止めるとすれば、むしろそれは人々に真理を告知するという責任を放棄するに等しい。この場合にむしろ問われているのは、科学それ自体ではなく、「人間の意志」(二五頁)の側である、とリットは指摘する。

また、後者の「人間に関する科学」は、認識する側と認識される側がともに同じ人間であるという特徴をもつ。それゆえに、認識の誤りは人間自身に大きな損害をもたらすことになり、それだけ科学の公的責任は大きいことになる。けれども、人間の認識行為は実際にはさまざまな誘惑や衝動、さらには政治的な意向によって意識的、無意識的に影響を受けており、その認識行為から得られた成果は、科学や真理の名のもとで人間や歴史の歪曲につながる危険がある（まさに、政治による科学への介入のために真理が歪められた実例が共産主義であった）。しかもこの危険は、人文社会科学が自然科学を模範として、その客観性や法則性に近づこうとする誘惑に駆られれば駆られるほど、高くなるのである。

「人間に関する科学」に携わる科学者が成果の客観性を求めれば求めるほど、また人々がそれを支持すればするほど、人間は「自動的に『人格』であることをやめ、『事物』になる」（五一頁）――「科学の公的責任」をめぐるリットの考察は、こうして、外的自然を対象とする自然科学の検討から、内的自然（人間）を対象とする人文社会科学の検討へと進み、人間が事物に転落してしまう危機への警鐘へと至る。翻って、科学者の政治的活動や政治による科学の手段化、人間の事物化を看破する「注意深さ Wachsamkeit」の徳（三七頁）の重要性が指摘され、そうした危機から守り抜かれなければならない人間の人間たる根拠、すなわち内的な自由が繰り返し強調される。そして最後に再度、原子物理学研究者の行動が取り上げられる。すなわちその行動は、実際にはいささかも自然科学的な思考に則ってはおらず、むしろ自由な人格のかけがえのなさを裏書きするものであったことが指摘されて、論が締め括られている。

科学者には科学研究の成果を根拠として特権的に政治的発言を行う権利や責任はないこと――このことは第Ⅱ部に所収の「テオドール・リット教授の「原子力と倫理」講演をめぐる討論」においても繰り返し強調される。リットによれば、私たちの共同の生の営みに関わる事柄、すなわち政治的な事柄に対する責任は、私たち一人ひとりが等しく責任を負うべきものである。逆に言えば、科学研究の成果をどう利用すべきかを含めた政治的な事柄を専門家に委ねてしまうことは、私たちが自らの自由と人格を放棄するに等しいことだとリットは指摘する。政治・社会や科学の機構が高度に専門分化した今日、この指摘はきわめて要求度の高い指摘であると言える。真理を追究する使命をもつ科学においてさえ下位分野への分業が進み、それぞれの分野において専門排他主義が進行している状況を前に、一般の人々が真理の全体に到達することは不可能であると言っても過言ではないと著者は判断する。

しかし他方、とりわけ一一年前福島での原発事故を経験した私たちは、専門家の語る言説が時として真理から程遠い「神話」であることも身にしみて知っている。リットの指摘は、単に半世紀前の冷戦下の特殊ドイツ的な状況にのみ当てはまることではなく、現代にも通じる真理を含んでいるとも言えるだろう。また、リットがドイツの民主主義化のために追求した政治教育は、特定の政治的なイデオロギーを教え込むような性格のものではなく、「科学の公的責任」の論文の各所で示唆されているように、自由な人格としての個々人が共同の生を営んでいく上で必要な知識と態度を教授する性格のものであった。こうした政治教育は、ある面では現代において推し進められている市民性の教育に通じるものである。論文「科学の公的責任」は、その標題から受ける印象とは裏腹に、科学(者)の責任のみならず、それ以上に科学や政治・社会を支える私たち一人ひとりの責任を問うものとして読まれるべき論文であると思われる。

第2節　エルンスト・ロイター追悼講演「事物化した世界における自由な人間」(1956)

【私見】

私はリットがプール・ル・メリット学術勲章を受賞後、その人間観が変容したように感じている。それまでのリットは主義・主張を厳格に峻別し、思想や理論に基づき冷静に対処してきたが、学術勲章受賞後は人物の「人格」や「役割」を中心としてその人物を語るように変化したように思う。その代表が、一時は体制下ロシアで共産主義者でもあった後、旧西ベルリン市長を務めた「エルンスト・ロイター追悼講演」でのＥ・ロイター（Reuter）その人である。以下、一九五六年一月九日ベルリン自由大学大講堂において開催されたリットの追悼講演：「事物化した世界における自由な人間」を紹介する。

親愛なるハンナ・ロイター夫人、親愛なる学長閣下、そしてご参席の皆様！

今宵、本会場の白壁にエルンスト・ロイター氏の姿を思い浮かべ、またそのお声に触れるかのような思いに浸ることができますことをお知らせいただきましたとき、私の眼前には、――ロイター氏に初めてお目にかかりましたとき、それはまた最後にお目にかかったときでもあったのですが――その様子が、まるで手に取ることができるような鮮やかさで浮かんでまいりました。ロイター氏がご逝去なさるわずか二ヶ月前、一九五三年七月のことでした。当時、ハンブルクにおける文化の自由に関する会議がある国際会合を開催しておりました。この国際会合で掲げられましたのは、「自由と科学」というテーマでした。このテーマ設定は、ドイツの学者に対して、何よりもまず真の良心ある研究を行うことを求めるものでした。ロイター氏に要請されたのは、ドイツの科学が第三帝国の時代に脅かされたとき、自由の精神に対する忠誠が維持され続けたかどうか、またそうであるとすればいかにしてであったのか、という問いかけでした。エルンスト・ロイター氏は、会議の二日目に議長を務められました。ロイター氏はまた、三日間にわたる話し合いの総括を行う一団の一人として、市役所において開催されました祝賀色の濃い最終会議にも参席していらっしゃいました。そのような機会に、私はロイター氏との個人的な繋がりをすぐに結ぶことができました。もっとも、ロイター氏と先に述べたテーマを前面に押し出すそのような行事との繋がりは、いずれにしてもなおきわめて表面的で偶然なものであった、とお考えの方もいらっしゃるかもしれません。しかし、そのようにお考えであるとすれば、当時の状況は根本的に誤解されているといえるでしょう。

ロイター氏がハンブルクの会議にご出席になったという事実がすでに同会議の進行にとって重要な貢献をなしていた、ということが実際の状況でした。話し合いを通じて明らかになったことは、ロイター氏のような人物が真に象徴的な意味となって初めて議論されうるようなある種の根本問題が検討されるに至った、ということです。このことに関する重要点を示すために、端的にその概略を示すことにいたしましょう。本会議が「科学と自由」というテーマを掲げたとき、むろん注意を向けられていた自由とは、まずは科学が請け負っている真理への奉仕を適切に遂行するために必要となるような科学そのものの自由のことでした。全体主義国家が自らの手中に収める科学に轡《くつわ》を備え付けるべくあらゆることを行った後では、そのような自由を擁護するための動機は十分にありました。そうした第一の問題に続いて、ただちにそれと密接に結びついた第二の問いが生じました。自由で自立的な科学は、自らを真の自由へと高めつつも、科学以外の生を支える立場を取りうるかどうか、またそうであるとすればそれはいかにしてか、というものでした。つまり、人間の生がそもそも自らの真の自由を求めるとき、科学はそれを支えるために何をなすことができ、また何をなすべきか、という問いであったのです。そうした問いが提起されたとき、ただちに明らかになったのは、決断しなければならない人間が真の洞察によって判断することが、自由な決定に際して重要である、ということでした。人間は自由であるのかどうか。このことは、私人として、また共同体の一員として、あれかこれかの決定を余儀なくされる無数の判断がなされる場合に表れます。言葉に対する洞察を欠いたままそうした判断が下されるのならば、またそうした判断がさらにそのまま実行に移されるだけであるならば、そのような判断を行う人のことを自由な存在だと思う者はだれもいないでしょう。けれども、もしある自由な決定がなされることに関する洞察を重視した場合には、ただちに次のような問いが浮上するでしょう。最も完全かつ方法として練り上げられた洞察、つまり科学としての洞察が、生に関する人間本来の決定を下す際に真の洞察に従おうとする際に人間を支えうるのではないか。この問いが人間の心情を捉えるようになったときに初めて、ただちにそのような心情を通してこの問いがある大きな力を獲得するのだということが、明らかになるでしょう。なぜなら、人間の生に関して種々さまざまによくわからないことがあるということを考慮に入れてみれば、個々の具体的なケースにおいて何を行い、また何をそのままにしておくかということについて、ある確実な拠り所を通して説明されることは、人間にとってこれ以上ないほど魅力的なことであるからです。そうした場合に正確無比な助言によって人間を補助する準備ができている科学などというものがあるとすれば、人間は、個人として――政治的な社会統一を担う指導者であればなおさらのこと――そのような科学をまちがいなく歓迎することでしょう。まさに、この点からみれば、すぐに次のことが要請されることでしょう。「科学が自らの生の機能を正しく遂行するには、科学は、選択の苦しみや無知の苦しみから何らかのかたちでわれわれを解放すべく、われわれの生に関する決断に際して助言をなし、選択の苦しみや無知の苦しみからわれわれを何らかのかたちで解放しなければならない」。このことは、つまり、自由な生の自己形成に科学が関与することを論じるべきであるとされる際の基本思想なのです。今や明らかなことは、それがすでに若い頃のロイター氏を最も強く突き動かした根本的な問いであるということです。なぜなら、ロイター氏が長きにわたって自由な信念に基づいて賛同を示していた政治運動を支えていたのは、あるイデオロギーであり、また最初の一語から最後の一語まで科学的に証明された真理であるという主張や要求とともに立ち現れた綱領に支えられていたからです。そのような綱領によって、今日の共産主義イデオロギーがとくに好んで用いる表現が選択され、またそのようなイデオロギーの要求が基礎づけられました。いわゆる科学としてのこの弁証法的唯物論こそが、社会のいわば自然法則をその隅々に至るまで解明するような科学であるとされたのです。さしあたり人間が社会のそうした自然法則を見通すことができたとすれば、たとえばすでに過ぎ去ってしまった歴史部分をたんに説明できるというだけでなく、前方の未来へと眼差しを向けることになるのであり、またそうした未来がどのように進行していくかをこの法則に基づいて知ることになるでしょう。そのように主張できる人は、幸福を感じるはずです。私が賛意を示したロイター氏の政治的信条は、たとえばたんなる信念を表しているのでもなければ、また社会秩序を改変しようというたんなる意志の表明でもありません。そうではなく、徹頭徹尾、科学によって強化された真理の表明なのです。まさに、この基本思想に基づいて、当時ロイター氏も、人類の過去と未来を判断すべきであると信じておられました。むろん、そうした要請が人間の生を徹底して科学化するという要請が正当なものであるのか、またどの程度そうであるのか、といった問いが、当時、ロイター氏の胸中に思い抱かれていました。いずれにしても、今日の私たちは、選択を迫られる際のあらゆる苦悩を人間から取り去り、現在という歴史的瞬間に何をなすべきかを正確に知らしめてくれるような社会・歴史の科学があるのだという確信を多くの人々が抱いている、ということを知っています。そうです。まさに科学的な認識と政治的な意思形成との関係に関する共産主義的な見解が、これに当たるのです。しかも、いわゆるハンブルク会議において明らかになりましたとおり、科学がそのように生を左右する力を有しているという信念を抱く人々は東側世界にだけ存在するわけではありません。西側世界においてもまた、科学に依拠するという原則を支持する人々がいるのです。そうした人々は、自らが手がけた科学によってまさにそのような成果を上げることができるのだと考えています。ハンブルク会議に出席されていたある外国の教授は、生を導く科学の機能に対する確信をより詳細に基礎づけました。ここではそうした彼の思考の筋道を手短に紹介いたしましょう。第一の定理は、あらゆる問題が科学的な問題設定の形式に置き換えられるのであり、科学的な証明によって適切に解答され、また解決されうる、というものです。ある問題が科学的な形式に落とし込めない場合、その問題は真の問題ではなく、空想上の問題にすぎないということに他なりません。そうした問題が真摯に受け止められるべきものであるかを試すためには、その問いが科学の形式に書き換えられるかどうかを試してみればよい、ということになります。しかし、科学に対するそのような信念が及ぶ範囲の全容が明らかになるのは、説明の対象となる諸問題がたんに理論的なものであったり、存在に関する考察の問題であったりするだけではなく、他ならず生の形成にかかわる実践的なものでもあるというさらなる状況においてであります。そのような実践的な問題の特徴もまた、科学の問題設定のかたちで抽出することができ、また何よりもそのような要請をなした場合にのみ、ある解決が可能となる、という点にあります。科学に対して人間の実践的な生の問題を解決する能力と任務が与えられたときに初めて、必然的に、科学は共産主義者における独自の科学と同様の能力を与えられることになるのです。その能力とは、つまり、未来をまなざし、予言的機能を発揮する、というものです。

先に言及いたしました西側における科学の代表的人物は、予言を行い、操作を行う機能を発揮することが科学の卓越した課題である、と明言しております。科学に対してまずはこうした可能性を見出した後、彼は「科学的情報機関」という名称ほど科学にとって名誉ある呼称はないと考えました。科学は、危険で困難な状況下において正しきを見出し、誤りを避けるためにはどのように振る舞わなければならないかを知ろうとする際の照会先となるような情報機関である、というわけです。ここでは、未来を与える科学が人間に対していつも、正しい生の形成を行うために必要であると信じられている情報を常に提供できるような国家、社会、経済の状態こそが、未来の理想として、また発展の目標として、設定されます。そうして、不安定かつ危険であるようにみえるあらゆることが人間の生から微塵もなくなってしまえば、生の幸福な状態が達成されたことになるとされます。いうまでもなく、この西側の科学を代表する人物は、情報機関としての科学が支障なく自らの任務に当たることができる場合にのみ、問いを提起した人物に適した政治的および社会的な状態が何かを確認しつつそれを支持し、また要請するような情報のみを提供しうるのだということに確信を抱いております。また、情報を提供する科学がたとえば東側の国家システムや社会原則をただちに承認するような回答を提供しうる可能性を彼が考えていたことは、疑いがありません。内容的にみれば西側と東側の立場の間に相反するものがあったとしても、形式的には一致がみられるとされます。そのような一致とは、双方において、つまり、共産主義的教条の擁護者においても、また西側の科学の代表者においても、科学が生を導く力とされうると信じられていることにあります。つまり、やはり最終的には、生の全面的な科学化および人間存在の科学的解明が、発展を通して到達されるべき状態なのだという見解が、双方において一致しているのです。この機会に補足して申せば、西側世界がときとしてより強くこのような傾向を有しており、東西双方がたびたび認めようとしている以上に西側の理念世界が東側のそれと一致をみるということは、両者の類似性の興味深い証明であるといえます。憤慨の対象である敵がしばしばその深遠な根底において繋がり合っているのに、あえてその根底から目を背けようとする、ということは昔からよくある話です。

さて、なぜ私がそもそもハンブルク会議において耳にしたことを通して、会長でありましたエルンスト・ロイター氏という人物についての話の枕にしようとしたのか、と訝われるかもしれません。通信機関としての科学、またそうした機関が有する生を導く作用を私がイメージしたとき、否応なく私が思い浮かべたのは、そもそもそのような機関の保護下に置かれた生において、ロイター氏のような人格がなおも必要とされるのかどうか、それどころか、そもそものような人格の出る幕があるのかどうか、という問いでした。私は次のような結論に至らざるをえませんでした。ここで賞賛したような状態がより完全なものになるほどに、ロイター氏のような人格はますます不必要となるでしょう。なぜなら、そうした人格が未来を見据えつつも不確かな状況とともに生起する危険を犯してなしてきたようなことに、先に述べたような科学であれば確実な情報によって対処するであろうからです。しかし、そのように科学によって統御された人類には、自らの秩序を維持するために、そもそもいかなる機能が求められるのだろうか、と私たちは問うことになります。人類にまず求められるのは、生の状態や生の問題を科学の形式へと変換するための方法的思考です。第二に求められるのは、科学の言明を余すところなく実行に移す責任を担うような、的確かつ順調に進めていくことができる組織です。「敢行(Wagnis)」という名辞によって言い表されるような、人生設計における不確かで不透明な部分が、人間の生から消え去っていくのです。今や、当然のごとく、人生を導く科学の賞賛者や崇拝者は、敢えて行うということがなくなることに、彼らにとっての女神［である科学］の美しき勝利を見出すのです。敢えて行わねばならないような不確かさとして人生のうちになお残るものはすべて、発展していく科学ができるだけ早めに除去しなければならない汚点とみなされるでしょう。しかし、皆様、私たちはこう問うでしょう。そのように支配され、あらゆることを指揮下に治める科学へと移行したかのような生は最も本来的な生であるといえるのでしょうか。あるいは、こうも問えるでしょう。生がそのように計算例題に変質してしまうのならば、そうした人生から高鳴る鼓動が抜き取られてしまうということになりはしないでしょうか。

科学的な官僚主義によって導かれる人類といった未来像が思い浮かべられるとき、「滅相もない」と叫ばれることでしょう。そのような状況は、現在においても、また未来においてもありえます。逆に、人類がエルンスト・ロイター氏のような人格をたんに黙認するのではなく、強い熱意をもって歓迎し、決定的な成果をもたらすために投入するような状況になることを、人類は繰り返し何度も経験するでしょう。科学による助言が生に対して成功を手中に収めるための確実性を与えるまでじっと待っているわけではなく、不確かさへと自らの運命を投げ入れ、ここぞというときに正しい決断を下すことを知るような人間がいる場合、そうした人間の冒険心に基づいて、ありがたいことに生は鼓動を高鳴らせます。エルンスト・ロイター氏はそのような人物でありましたので、私は、こうした高位にある人物がそのことを言葉にして発しないことが肝要であると感じておりました。ロイター氏は、そのようにして、人間の生を計算例題へと解消することに全力で努めようとする見解に対する燃えさかる抵抗として作用したのです。実際のところ、私たちに対して生が投げかけてくるあらゆる問題は、少なくともその大半の問題は、科学的な問題の形式に変換されることにまったく馴染みませんし、またそのように求めることもできません。そうではなく、たいていの場合、生が私たちに差し出してくる問題が解決されうるのは、人間的かつ歴史的な時間が責任を請け負う人間に対して投げかける問いに対して、良心の力によって解答する人物が自由に行動することによってのみなのです。当時のロイター氏は真に象徴的な意味へと高められるに値する方であった、と私が述べたとき、念頭に置いておりましたのはこのことでした。

実際、先に挙げさせていただきました二つの教義、つまり東側の全体主義的な教義、そしてかの奇妙な新実証主義の教義は、その実行段階においては内容的にまったく異なるものではあるにせよ、ある過ちを犯しているという点においては一致しています。その過ちとは、すなわち、隅から隅まで科学の支配下にあるような生は自由という貴重な財をすべて放棄してしまう、というものです。しかし結局のところ、人間のために決定を下す科学は、人間自らが創造したものではないか、といった弁明によって、そのような見解に対する気休めを試みることはできますが、それは誤りでしょう。人間の生が科学によって計算例題に変質してしまうであろうこと、またその場合の人間があらゆる純粋に理論的でないことに対して沈黙することを決めてしまうにちがいないことに、変わりはありません。また、そうした人間はあらゆることに対して意志を遠ざけることになるでしょう。そのような意志が関与しなくなるということは、理論の領域においてのみ、つまり抽象的に思考される場合にのみ生じることである、などと考えることはできないでしょう。もしもそのような理論的な止揚に科学を高く評価する教養を結びつける人間が、物事の実権を掌握して、人間存在の共同体を自らの科学的なプロフラムに従って構築しようとするならば、理論次元での止揚は、ただちに実践的な生へと移行するでしょう。そのように科学を支配する理論を実践へと置換することをいわば模範的にやってのけたことは、共産主義における世界史的にみたときの功績であると、私は思います。共産主義の権力者たちは、あれほどの熱意をもって次のように主張しているのですから。彼らは、科学の名の下に生に対して形態を与えるのであり、たとえば権力への意志や権力欲などのようなものに基づいているわけではない。科学によって生に形態を与えることは、第一に理論的な正当性を保持したいという意図によるのではないのだ、と。「私たちが行っていることは、私たちの意志によるものではない。厳格な科学が拒絶しえない要請として、私たちに対して指示してくることだけを、実行しているのだ」と人類に向かって主張しうることによって、権力への意志は、少なくとも表面上は気づかれもせず、また操作的でもないかたちで、満たされるでしょう。自らの心を貫徹する権力への意志のために、こうして一つの驚くべき仮面劇が展開されたのです。と同時に、そのような教義に従って活動しようとしていなかった人々を残すところなくあらゆる手段を通じて抑圧し、沈黙させるための強力な一手を、自分のものとしたのです。もうお気づきだと思いますが、あらゆるこうした行いを支配するとされる科学が一方にあり、また他方にはそのような政治的システムのうちに常に繰り返し生じる自由の奴隷化があり、その双方が奥深いところで繫がっているのです。実際に、人間、人間の生、そして人間の共同体の総体が、人類の進む道を次から次へと決定しうると主張する科学に服従するようになるとすれば、人類そのものがある比類なき巨大な客体へと変わることになり、またその部分部分を計測し、その計測に基づいていわば技術的に扱いうる対象へと変わることになるでしょう。そのような状況は、人類のおぞましい事物化です。それは、この種のシステムが支配し始めたところで常に生じるのです。科学であるとされているものの名の下で、ある特定の社会が有無を言わさず受け入れられるべきだとされるならば、その際に予想される帰結は、西側世界にとっては不幸の前兆であると、私は真剣にそのように思います。西側世界においてかの科学による法則化と客体化を奨める人々は、東側の教義に道を切り開こうなどと考えているわけではない、と思われます。ここで問題となっているのは、精神が純粋に展開していくことが重要なのであり、実践において自らの振る舞いがどのような作用を及ぼすかを見通すことができない人類が自己を意義づけることが重要なのだ、などとは考えてはいないでしょう。他ならぬ若き日のエルンスト・ロイター氏がそのような教義と真摯に対峙する時代を生き抜いたのだということを考えるとき、感慨を抑えることができません。ロイター氏の人生におけるこうした事実をいわば見過ごしてしまうことは、根本的な誤りである。そうルドルフ・ハーゲルシュタンゲ氏が述べたことには、まったくの賛同をおぼえます。その一方で、この事実を真摯に受け止める別の理由があります。すなわち、こうした事実から真摯に看取されうるのは、この事実が先に述べた東側の教義を擁護する非常に誘惑的な根拠でもあるにちがいない、ということです。ロイター氏は、表面的な論証に基づいて、あるいは外面上の誘惑によって、何らかの監視所や教義のうちに自らを置くことのない人物でした。ただし、ここで主張された根拠は、良心的な心性や明晰な判断にも一次的に強い揺さぶりを生じさせるようなものであるにちがいありません。このことだけでも、ロイター氏の人生におけるこうした事実を真摯に受け止める理由となります。しかし、さらにそれ以上に私たちに求めれるにちがいないことは、ロイター氏の人生におけるそのような出来事を正しく位置づけることでしょう。私たちは、すでにここ数年間において、多くの人々にとってある政治的信条を他の信条に変えるのにそれほどの労力は必要ないのだということを、えもいわれぬ驚きとともに体験してまいりました。エルンスト・ロイターという、深遠な内なる良心をもつ人物が自らの立場を変えたとき、根底を揺さぶるようなことがその人の心情で生じたということは、まちがいないでしょう。若き日のロイター氏が両親に宛てて書いた衝撃的な書簡があります。厳格な保守的市民の家庭における息子であった彼が社会主義党に加わったときの書簡です。そこには、この若者がすでにその頃に、個人として親密であった父母との絆が引き裂かれることがあったとしても、そのことを厭うことなく良心の声に従おうとする抵抗しがたい衝動と不可避の欲求を感じていたことが記されています。当時、両親の元を去ったときにロイター氏が若者として耐え抜いたそうした内なる闘いは、共産主義運動との関係を断ち切ることを決意したときにも、そのまま氏のうちに生じたにちがいありません。しかし、まさにそのことは、（こう表現してよければ）そのような信条転向に対して完全に真摯でなおかつ深い意義を付与するものでもあることを、私たちは知っておりますし、またそのように述べてもよいでしょう。なぜなら、そのような事実に基づいて、私たちは次のように表現してもよいであろうからです。ロイター氏には、長年にわたって実際に社会的正義を完全に体現するであろうと期待していた運動から袂を分かつようになることを可能にした非常に深い経験が、またそのような深みにまで作用する経験があったにちがいない、と。そのような信条転向が魂の痛みを伴って生じる場合にのみ、この信条転向に信憑性が認められることでしょう。それゆえ、私はここであらためて次のことを述べたいと思います。ロイター氏がこうした発展段階を通り抜けてきたことは、隠し立てしなければならないような事実ではなく、氏の活力に満ちた発展の一部であり、氏の人生から消し去る必要のない部分であります。しかし、すでに述べたとおり、ロイター氏がそのような道程を辿ったとき、避けがたく氏をそのような歩みに向かわせるように強く作用した経験があったにちがいありません。そうした経験がどのようなものであったかを知る手がかりは、他ならずロイター氏がベルリン市民、ドイツ国民、そして国際社会に向けてなした数多くの演説のうちに残されています。そのことは、疑いのないことです。なぜなら、ロイター氏がベルリン市民にその遂行を求め、同時代の人々に積極的な協力を要求したとき、常に繰り返しその基盤とされたものがあったからです。それは、自由の理念でした。氏の心情におけるこの理念がそうした力を獲得したことは、大政治の舞台に上る以前の若き学生時代にすでに培われた特定の経験と関連づけられてよいでしょう。私は、ロイター氏が最も深い影響を受けた大学教員がマグデブルクの哲学者ヘルマン・コーネンであったことを、最近になって初めて知りました。コーネンの弟子であったパウル・ナトルプ氏から聞いたところによれば、真に予言に満ちた力を及ぼすこの人物、つまりコーネンの講演を通して、ロイター氏は彼の心情の最も奥深い部分を揺さぶられ、そのときに与えられたものを、彼の全人生を通じて、彼の内的な生をさらに育んでいく財として感じていた、といいます。しかし、ロイター氏がこの二人の哲学者たちのもとで固有の福音として仰いだヒューマニズムを経験したこととは、いったい何だったのでしょうか。それは、カントから継承された人間意志の自由の提唱でした。それは、人間の尊厳に恥ずべき破綻が生じることのないような、侵されざる自由です。今や次のように想像されます。自由と人間の尊厳について常に語りはするけれども、色きらびやかな告白によって日々の実際においてはますます自由と人間の尊厳を軽んじるような政治体制のなかに、ロイター氏は参入していきました。そのとき、自由のそうした理念がひとたびロイター氏のうちにあれほどまでに根を張ったことによって、その理念が実効性のある力となったことは、疑いがありません。ある残酷で耐え難い体制が介入することによって自由と人間の尊厳が傷つけられるのをロイター氏が目にせざるをえなかったとき、個人の尊厳をあれほどまでに真の自由と結びつけた氏が何に苦しんだのかということを、明らかにしなければなりません。ロイター氏は、共産党から離れる道程を歩むことによって、自らを欺いたわけではなく、ある警鐘を鳴らそうとしたのでした。そのことは、これまでのロイター氏の核心部分、すなわち社会的正義の理念を満たすような社会秩序を実現するのだという固い決心をしたことが、そうした共産党からの離反によって揺るがされたわけではない、ということから明らかです。残ったのは、そうした基本的な信条、そして根本の責任でした。共産党の勝利がそのような社会的正義の実現をもたらすのだという見解だけが、彼のうちから消失したのです。しかし、自由の理念を支持するためにロイター氏が歩んだことに決定的な意義を付与するもう一つのことを加えなければなりません。ロイター氏がもっぱら東側の全体主義的な体制への対抗者としてあれほどの成功を収めてたということだけでも、氏には多大な功績が認められたことでしょう。けれども、それだけでは、禁止と防御を果たした功績にすぎなかったといえるでしょう。決定的であったと思われるのは、人間を何度となく事物の連関のうちに入れ込み、事物の連関を支配下に置くことに努める時代において、社会的な威光を放つ人となりが有する何にも比較しがたい影響力というものがある、ということを、ロイター氏が自らの人格と行動によって、否定されざるかたちで証明してみせたことにあります。そのような時代において、百万人都市［＝ベルリン］の住人たちを強靭な意志の統一性へとまとめ上げていくことを成し遂げるまばゆいばかりの活力を放つように感じられる人物に出会うことは、究極の幸運といえるでしょう。そうしたことを完遂できる人物は、政治活動が相当に不確かな状況であるにもかかわらずそのような意志を成功裏に固持することができるということでもあります。そうした人物が示してくれているのは、人生の大問題を解消するのは、通信社的な科学という名の道先案内機関などではなく、自らの運命に向き合う人物による勇気ある介入なのだ、ということです。ロイター氏は、かくして活力ある人間とは何かを示してみせたのでした。このことは、氏がもたらしてくれた非常に大きな贈り物のうちの一部です。今、皆様がこの会場の白い壁にロイター氏を思い浮かべられるなら、そこにあるのはベルリン市民に取り囲まれている氏の姿でしょう。なぜなら、ベルリン市民はロイター氏のベルリン市民であるからです。科学の名を冠した通信社における官僚主義が活力ある行動的な人物に取って代わろうと試みるとき、人間の生がいかに貧弱なものにならざるをえないか。皆様は、ベルリン市民に囲まれたロイター氏の姿を思い浮かべながら、そのことを実感されることでしょう。幸運にも、歴史の力と折り合う活力ある人間とは実際に何を意味しているかということを、歴史は今日に至るまで、私たちに証明してくれています。この会場にお集まりの皆様、したがいまして、ロイター氏に捧げるかのハンブルク会議の課題が、自由と科学の関係をより詳細に検討する契機となりましたことは、ある特別な幸福な事態であったと思われます。ここでおそらく、その際に市役所で開催された結論集約の会議におけるロイター氏の演説から一文を引用させていただいてもよいでしょう。この一文を読み上げるに当たっては、ロイター氏が声高らかに言葉を発したあのすばらしい会合の模様を思い浮かべずにはいられません。「人間の科学的努力によって開示されるのは、人間であろうとし、自由に決断しようとし、また自らの良心の声に従う根本的な力なのです」、とロイター氏は唱えました。本来まさにそうであるように、ある科学が自らの科学的良心に従うことができる場合にのみ、その科学は自らが請け負うことを遂行しうる。ロイター氏の言葉は、そうした科学を支持するという氏の信条告白なのでしょう。とはいえ、この金言の真価は、政治家としてのロイター氏が、それほどまでの活力をもって自ら発展してゆく科学は国家のためにどのような意義を有しているか、と問うことによって、はじめて獲得されることになるのです。さまざまな立場からのあらゆる誤った非難をいわば一撃で防ぐ金言は、そこで発されることになりました。ロイター氏は、次のように述べています。「人間の良心の声に従うべしという、厳しくも、けっして放棄されることのない、そしていかなる代償も厭われない人間の渇望。そうした渇望なしには、国家もまた存在することはできないのです」。ここで確信されているのは、良心によって統御されつつなされる本来の科学的研究が共同的な生の活力のうちに属しているということであり、またそうした科学的研究がなければ国家は存続しえないということなのです。国家はいかにあるべきかと問われるなら、もちろんまず国家は、国家を科学の支配下に置くようなあらゆる試みを拒絶するということになりますが、同時にまた、国家は逆に国家自らに対して科学を恫喝するようなあらゆる試みを禁じなければなりません。とはいえ、たとえば国家と科学の双方が有する存在力が相互に分離してあたかも別々の温床で発展しうるのだ、というような見解をロイター氏が有していたわけではまったくありませんでした。ロイター氏が確信していたのは、独自の良心の明瞭性に基づいて判断を下す科学と、そして国家とが、相互に不可分なものであるということでした。両者の関係がそのようにみなされるとき、通信社および道先案内機関としての科学を国家よりも高く評価されるものとみなして、国家が科学の指示に従わなければならないとするのは妥当ではない、ということがわかります。また同時に、科学を手先として国家よりも価値が低いとみなして、科学がもっぱら国家の意図を基礎づけるべくその求めに応じて奉仕しなければならない、ということも妥当ではありません。科学と国家の関係が健全であるのは、ただ両者が相互に関連し合っているということを確信しており、なおかつ双方ともにもう一方の権利を尊重する準備がある場合であります。学術志向の大学においては、科学と国家の関係をあれほどまでの大きな英知とあれほどまでの規模をもって確定していくことを知る政治家について、好んで語られるようになるでしょう。実際にそうなのですが、自由のなかで自らを統御する国民からなる国家と、自由のなかで研究する精神が行う科学とは、最も緊密であると考えられる結束の関係を通して相互に結びついており、一方が毀損すれば、もう一方も無傷ではいられないという関係にあります。自らの政治生命の試練をあれほどまでにみごとに克服した政治家が、国家と科学との関係をこれほどまでに明晰に判断したことによって、私たちは救われる思いがいたします。ドイツ国家の運命に関するこの暗き時代において、当時ロイター氏がハンブルク会議における演説を締め括った勇敢で確信に満ちた言葉は、私たちをおそらく勇気づけてくれるでしょう。「暴君はその命脈を閉じました。今もなお生きながらえている暴君たちは、彼の死の後を追うことになるでしょう。そして自由が勝利するのです」。皆様、そう述べた人物がこの予言とともにしっかりと保持し続けてきたことの内実を、私たちのこととして引き取りつつ、それを実行しようではありませんか。

第３節　第一〇四回シンケル記念式典講演：現代における生の力としての芸術と技術――ベルリン建築家並びに技術者協会第一〇四回シンケル記念式典におけるテオドール・リット教授祝賀記念講演（一九五九年三月一三日ベルリン国際会議堂において開催）

本日の記念行事に寄せる講演といたしまして、なぜほかならぬこのようなテーマを扱うことを選択したかということにつきましては、容易にご理解いただけるものと思われます。貴協会には、建築家と技術者がいらっしゃいます。一方に建築芸術を、また他方に技術を人生の内実とされている方々がいらっしゃるのであり、双方がここに集っていらっしゃるのです。したがって、有意義と思われるのは、そのような二つの集団を区別するものはいったい何であり、またそれにもかかわらず両者を再び接合するように促すものは何であるか、と問うことであります。

この問いが貴協会にお集まりの皆様にとってのみ重要であるわけではない、ということはまちがいありません。それは、現代における文化全体の状況を危惧するあらゆる人びとにとって否応なく思い抱かれる問いなのです。そのような人びとは少なくないでしょう。「現代文化の自己批判」という主題のもとに分類される数多くの文献は、今日における文化的生活に傾注しているわけですが、まさに私が本日の主題において名指した領域［＝芸術と技術］ほど熱意をもって注意が向けられている領域はほとんどありません。芸術と技術は、今日の時代にとって決定的な生の力としていかなる意味を有しているのか。明瞭な答えを得るために少なからぬ努力が払われる問いが、ここにあります。

けれども、そこでただちに反論の声が上がるでしょう。その反論には、にわかには抗しがたいように思われます。洞察に優れた人であれば、技術が現代の生をその隅々に至るまで支配している「力（Mächte）」であるとみなされていることに疑念を抱くことはないでしょう。しかし、そうした技術とともに、芸術にもまた同様の「力」が備わっているとすることに賛同を示すとすれば、その人は適切な判断を欠いているとみなされかねません。たしかに芸術に専心する努力が真摯であることやそうした努力が広まることを否認してならないことは、いうまでもありません。けれども、芸術がそのような努力によってこの時代を支配する「力」へと格上げされるという発想は、同時代の批判者たちには受け入れがたいものでしょう。今日という時代は、「技術の時代」と呼ばれるにまさに相応しいように思われますが、この時代を「芸術の時代」と名づけてしまうとすれば、芸術に割り与えられる価値を過大に見誤る試みだとみなされるでしょう。

以上のような事態のうちにあって、本日の主題において芸術と技術を同等のものと捉えることを擁護することによって不当な非難に抗する責務が、私のうちに湧き上がりました。そのことは、芸術に対して、現状における判断では一般に拒絶されている地位を割り与える、ということであります。

芸術と技術を人間的な活動における二つの基本方向として相互に区別したうえで、両者の関係について問うために、今日の人間が囚われている広く浸透した観念の在り方を批判することから始めましょう。私たちにとって、芸術と技術は、二つの人間的な根本能力、性向、活動可能性とみなされています。それらの創造の記録とみなされる諸作品が区別されているという意味においては、まさに両者は別物で、互いに孤立しています。その場合、私たちはたとえば、技術によってもたらされるものは「知性」の成果であり、芸術の創造は「想像」によるものである、とみなしているのでしょう。そのような要素に還元して考える背景には、一八世紀のいわゆる「能力心理学」の諸概念によって特徴づけられた人間の精神生活に対する全体的な把握があります。その心と精神の性質に関していえば、人間とは、明瞭に区別された「心的能力」

の統一体とみなされます。そうした各能力は、自らに特別に割り与えられた課題を果たし、自らが有する特別なはたらきを遂行し、またそれぞれに特別に求められるかたちで人間生活の構築に貢献しなければならない、というわけです。そのとき人間が何を果たすと心に決めるかによって、あるいは何がなされないままにされるかによって、先の諸能力のうちのどれが活躍の舞台に上り、その能力に割り与えられた課題を遂行するかが決まることになります。そのような観念の在り方が真摯に受け入れられる場合、人間は、諸「能力」の束として、すなわちそのような能力のうちに現れる「性向」のアンサンブルとして、この世に生を受ける存在とみなされ、また各能力をそれぞれの性質に応じたやり方で活性化するという課題を設定することのみを生から受ける存在とみなされます。人間は、それぞれの状況や求められることに応じて、自らに与えられた諸「能力」のうちのいずれかを活動させようとする、とみなされます。私たちは、そのような努力の成果や収穫を「客体」というかたちで提示します。そのような客体を通して、「心的能力」は、自らが有する特殊な性質や方向性を知らしめるのです。そこでは、共同の生が、習慣、風習、人倫といった形式と規範によって確立され(そのような生の秩序は、国家、法、社会、経済、教育によって形成されるでしょう)、また学びの建造物としての学問が、そして宗教や哲学における生の意味づけが生起するでしょう。以上のような客体のそれぞれは、自らを通して、人間の基礎的な能力のうちに備わっている個々の能力を表します。そうした能力は、自らの特殊な原動力から発しており、その特殊なエネルギーを通して自らの形態へと精錬されていくのです。そして、芸術の作品も、また技術の構築も、精神のそのような客体の連なりのなかで、それらに相応しい位置を有することになります。両者ともに、特定の「心的能力」の創造物です。そのような能力は、まさにこうした特殊な客体創造そのものにおいてのみ証明されうるのだ、ということになるわけです。

文化現実のそのようなイメージが人類の発展におけるどの段階から読み取られるか、ということを知るのは難しいことではありません。そうしたイメージは、人間のうちに定められたあらゆる可能性を全面的に発展させることを視野に捉えた世代によって構想されました。そのような発展を通して、人間のあらゆる可能性を知り、そして強力になった人類の成熟段階が示され、また際立たせられます。文化の可能性が百花繚乱のごとくに余るところなく実現した状態を目の当たりにした者は、自ずとそうした可能性が客体となる各領域を育む特殊能力を考案するようになるでしょう。

文化を創造する心的能力の複数性という以上の図式が妥当なものであると認められるなら、

文化全体が完全に発展し尽くしてその終焉を迎えるに至る生成過程においても、すでにあらゆる決定的なことが定められているということになります。そのような生成過程において、そうした能力が次々と舞台に上り、それぞれの能力の務めを果たすことでしょう。精神が創造していくものの方向性は一気にその全体が露わになるようなものではありません。精神創造の発展において一貫しているのは、人間の心的能力のそれぞれに応じて精神創造が現れる特定の場所が割り与えられているということです。このことは、表層だけしか眺められない観察者においてさえ見逃されることはないでしょう。共同体の形成、言語の創造、古代に対する信頼の自覚、学問の基礎付け、そして文明の拡充は、最後期における精神の現れのうちに属しています。人類の発展を注視する者がそのことを見過ごすことはありません。したがって、ここで繰り返される論述によってもたらされるイメージとは、さまざまな心的能力が演劇の登場人物のように渡し台詞とともに次々と舞台に上り、それらの関係が親和的であるか対立的であるかに応じて、相互に同盟を結ぶのか、あるいは反目し合うというものです。反目し合う場合、事情によっては、ある能力が他の能力によって否認され、不必要なものとされ、また抑圧される結果となるでしょう。実証主義的な歴史哲学のテーゼによれば、人類の発展において、宗教的段階は形而上学的段階によって、また形而上学的段階は科学的段階によって、取って代わられたとされています。このテーゼによって、先ほどの抑圧の図式は簡潔に表現されることになりました。精神の大規模な作用形態がフーガの歌声を組み入れていくようになるのは、文化の全楽曲がそのような作用形態への貢献を求めるようになる場合だけです。フーガを構成する最後の歌声が合唱のうちに引き入れられるときに初めて、精神のポリフォニー全体は鳴り響くようになるのです。

私たちがここで描出してきたイメージは今日に至るまで波及しているわけですが、それだけにいっそうはっきりと述べなければならないのは、人間の生成および本質の像が以上のようなイメージによって救いがたいほどに歪められてしまっているということであります。人間はそのようなイメージによって、文化が入念に創り上げてきた状況全体を、文化の自己保存や自己維持のために要請されるものとして理解することができなくなっているのです。ある人間が自分を見誤っているとき、その人は必然的に自分と折り合い損ねてしまいます。私たちは、そのように繰り返されてきた把握全体の誤りを変えることによって、たんに理論的な明晰性を求めることだけを目的としてはなりません。人間にとって見通し難くなってしまった現存在の錯綜した状況を解きほぐし、交錯し合う生の諸傾向の上演に秩序をもたらすことが、正しからざる自己解釈によって妨げられないようにするために、私たちはそのような把握全体の誤りに立ち向かうのです。

本日ここに集う面々にとって関心の基盤をなしているのは、現代の私たちの問題となっている基本的関係、すなわち芸術と技術の関係に表出しています。後期の成熟した文化の引き継ぎ手である現代人は、精神的な創造形態の多様性が結実していることを客観化物の豊穣な広がりのうちに手中にしています。そのような精神的な創造形態の多様性は実際にどのようにして生じたのか。芸術と技術の関係ほど、その分析を通じてこのことを解明するものは皆無でしょう。芸術と技術の関係は、本来的に、精神が自らの創造の多様性へと展開していくために生じざるをなかった出来事の啓示的なパラダイムにほかなりません。

私は、これから証明されるべきことをテーゼとして先鋭化しておきます。「芸術」と「技術」と呼ばれる精神における両活動は、その源泉において区別されており、また別々の課題に向けられている二つの「心的能力」の表れであり、またその証とされてきましたが、それは誤っています。したがって、それらは「隣接して」いたり、あるいは「連続して」いたりしながら、それら独自の固有性をもって立ち現れてきたようなものでもありません。むしろ、今日の私たちが目の当たりにしているそれらの区別は、ある発展過程を経た後の帰結なのです。私たちは、その発展過程をさらに遡及して追究することになります。そうすることによって、今では別々であるようにみえるものがその内部に迫れば迫るほど相互に絡まり合っていることがわかり、ついには機能分化の影響をまだまったく被っていなかった根源的な状態へと立ち戻ることになるでしょう。それではどのようにしてもともと一つであったものが分岐するに至ったのか、と問われるでしょうが、それに対しては次のように応えられなければなりません。それは、両者が自らの特徴を示し合うような相互対照のプロセスによるものであったのだ、と。芸術と技術の分化が常に先鋭化していく過程において初めて、両者はその方向性の在り方と特徴の独自性へと至るのです。私は、そこに疑義の思考を差し向けることによって、別々のようにみえる両者の方向性をその原初の段階に戻してみたいのです。芸術と技術は、密接に関わり合いながら、また錯綜し合いながら、自己の固有性に辿り着いていきました。もっとも、そのような分化の過程が人間のうちで遂行されていったからといって、そうした過程を把握するためには人間にのみ注目してはならないでしょう。人間が向き合っているもの、私たちが「世界」と呼ぶようなものが、生成しつつある「能力」のうちに宿る独立への衝動に正当性を与えなければ、芸術と技術が分化していく過程はそのようにある目標に向かっていくかのように進行することはなかったでしょう。芸術と技術におけるそれぞれの特殊な機能が統一的な生の基盤から分化していくことが可能になったのは、ひとえにこの世界がそうした分化を強力に肯定し、またその促進を指示することによって、この分化を後押ししたからでした。芸術と技術の分化過程があれほどまでに変わることなく進行したのは、こうした道程における一つ一つの歩みが世界への信頼の高まりによって評価に値するものになっていったからにほかなりません。人間が自らにのみ拠って立っていたとすれば、あるいは自らに対峙しているものによって鼓舞されることがなければ、人間は最初の未分化な状態を超え出ていくことはなかったでしょう。

まさに芸術と技術の関係において、それらの特徴のうちに出現した分化の過程があれほどまでに理想型を描くかのように進行したのはなぜか、と自問してみます。この問いに答えるために、私たちは技術から出発してみたいと思います。というのも、まさに技術において、生が展開していくその全体からの分離や選別がこれ以上ないほどに先鋭化して果たされているからです。

私たちにとって「技術」とは、無機的な自然の素材や力を人間の目的に適うように扱うための方法を案出するための人間の精神的な活動です。そのような方法は、無機的な自然に関する諸事象を数学的な関係へと還元し尽くすことへと――もっとも、それがどれほど成功するかに応じてその達成度は異なりますが――至ります。技術の基礎は、無機的な自然の数学化であるといえるでしょう。したがって、技術をそうした数学化に取り組む科学と、つまり数学的自然科学と接合するような結束が否応なく存在していることが指摘されます。技術は自然科学の理論的成果を実践として「援用する」ものだとはよくいわれるところですが、その場合、ここでいう（科学的）理論と（技術的）実践との接合関係はいまだ厳密に言い表されているわけではありません。実のところ、技術はすでに潜在的には数学的自然科学を含み込んでいます。数学的自然科学における方法上の中核である実験は、自然に対するたんなる観察や熟考ではなく、自然に関する行為です。とはいえ、そのようなものとしての実験は、自然の素材と力と折り合うことができる者にとって容易に行為指針として理解されたり評価されたりする諸情報を提供してくれるものです。そのように、技術と数学的科学は、最も根本的なところで一つのものなのです。

技術はその根本において数学的自然科学と合致しているがゆえに、両者は、生全体から分化する特殊機能の典型例となるような精神の営みであるという特性を共有しています。自然事象の数学化とは、自然の数量化と同義です。数量化とは、自然に接した人間に対して最初に自然が与えてくれる質を否定したり、抑圧したりすることにほかなりません。より正確に言えば、数学的な、つまり数量的な関係は、自然が人間の感覚に対して語りかける際の拠り所となる質の地位に取って代わるものとなります。このことが意味していることが最も明瞭に示されるのは、いわば「より高度な」感覚とされる視覚および聴覚が捉える印象が計量的な科学の介入によってどのようになるかに注目する場合でしょう。色彩の多様な性質は、物理的な光学の次元に置かれると、たんに量的に段階づけられた電磁波の等級へと変化します。音の多様な性質は、物理的な音響学の次元に置かれると、たんに量的に段階づけられた空振の等級へと変わります。計量化する科学は、それが現代の微物理学へと移行していったことによって究極の脱感覚化にまで押し進められました。常に空間と時間のわかりやすい図式になおも留まろうとしていた「古典的」物理学なるものとは異なって、現代の微物理学は、具象的な「モデル」の使用をも駆使してその成果を説明するようなあらゆる可能性をもなくすほどに、感覚的に知覚可能な世界から距離を取ったのです。

そのような科学の地平からは、感覚的な質とともに、さらにもう一つのものが消え失せていきます。それは、感覚に差し出されたあらゆる世界の印象が自らの根幹として内包しているものの意味内容です。脱感覚化された世界は、同時に意味が空虚となった世界です。自然が形式化されることで生じる数学的関係の抽象的な構造のなかでは、その同じ自然が感覚的・有意味的に体験する存在としての人間に対して「語りかける」あらゆる術も消失するのです。

人間が自然現象を数学的関係の形態へと移し換えるとき、一見したところ、あたかも人間は自分自身と自らが向き合うもの［＝世界］の双方を悲しき貧困化という運命に委ねてしまうだけであるかのようにみえます。ことの成り行きをそのようなものとしてしか理解せず、計量化する科学の隆盛を人類における暗黒の時代と嘆くような、現代の文化に対する検閲官もいないわけではありません。実際には、以上で指摘された［自然の数学化・計量化による］損害がいったい何によって埋め合わされているのかを認識することは、そう難しいことではありません。思考する精神は、出会われたものを極端に分量化することによってのみ、一方において自然を計算可能にするとともに支配可能にすることができ、他方において、想像をはるかに超える宇宙における星々の広大さや原子における想像不可能な内部空間へと突き進んでいくことができるのです。機能分化というものは、そのような成果によって価値あるものとなるのですから、そのための方法を正当化しようとして当惑する必要などないのです。

しかしながら、もし世界に向き合う人間と、人間に開かれている世界との間に、世界観が分化していくなかで生じた機能分化にその対立項とそれへの信任とを与えるような対応関係がなかったとしたら、機能の独立によって知識と能力の圧倒的な利益があれほどまでにもたらされるようになることは、まったく考えられもしなかったでしょう。もし自然が数学化していく道程が自然によって明確に肯定されることがなかったとしたら、はたして自然の数学化への道に足が踏み入れられ、またその道を弛まず歩み続けられるでしょうか。数学的な自然科学が存在するのは、人間が自然を数学化したいと望んでいるからではありません。そうではなく、人間が投げかける問いに対して自然が自ら数学化させられる準備をしているからなのです。もし自然が――このことはまったく想定できないことではないのですが――人間の要求に対して否を突きつけていたとしたら、初発の時点でうまく行かなかったことでしょう。自然科学と技術が最高作品にまでなりえたのは、ひとえにその構築に携わる人びとが絶えず開かれた自然の側からの激励によって鼓舞されてきたからなのです。

それゆえ、人間の「能力」による創造は自然科学と技術のうちにあるのですが、その場合の能力はいわばそうした創造がなされる以前にあらかじめ既成のものとしてあったわけではありません。また、そうした創造によって、能力を実証しようと試みられたわけでもありません。そうではなく、人間の能力は、そのような創造を完遂するための取り組みを通してようやく初めて、今日の私たちがよく知る自立性と確実な目標達成に至ることができたのです。能力の分化は、人間が遭遇した自然と取り組みつつ、また自然の承諾を受け続けながら、人間に対置されるもの［＝世界］を自然科学化することによって再形態化していく程度に応じて、進展していくものです。今日、そのような数学化は、ほぼこれ以上ないほどの完成の域に達しています。したがって、そのような能力の発展に際して駆動力となっている傾向を言い当てることは難しいことではありません。それは、自然を「対象化する傾向」であり、また自然の「客体化」です。数学的に定式化された自然は、究極の精確さを有する客体化された自然です。数学的な方程式において、世界を極端に対象化しようとする意志が勝利しているのです。

さて、ここで描出したような、ある特定の能力が発展していく過程は、とはいえ精神におけるる他のあらゆる傾向を無視して孤立するかたちで進行していくようなものではありません。能力の発展過程は、精神を他のものと結びつけ、また他のものを精神と結びつけるような分化という事象の契機なのです。ある能力が自立化すると、必然的な相関として他の能力の自立化が生じます。ここまで検討してきた選別［＝心的能力が分化していくこと］という事象について、どのような補足がなされなければならないでしょうか。

客体化が進展していく過程で何が最も確実かつ完全に犠牲になっているかを思い起こすとき、この問いに対する答えが得られるでしょう。自然の数学化とは、自然の極端な脱意味化にほかなりません。しかし、そのような科学の地平から消失していくものは、そうした科学を完全性にまで導いていく人間の地平からそれによって無くなってしまうわけではありません。感覚的な世界把握がある自立した能力の進展によって打ち消されようとも、そのような能力の観点から排除されていったものは他に落ち着き所を求め、そこに留まり、それだけによりいっそう切迫感をもって保護と擁護を求めるにちがいありません。世界の脱意味化の傾向に伴って、客体化の領域から締め出されはしたもののそこから分離されてしまったわけではない感性が、自己主張の衝動を生じさせるのです。実際のところ、相互対照の過程がみられるのであり、そのような過程を通して分岐していく能力が自立性を獲得していきます。客体化の能力が感性の撤廃によって自らの方向性を獲得していくのと同様に、感性的に世界を把握する能力は、客体化の所業から離反することを通して、自らの特性を意識するようになるのです。

［心的能力が］相互否定することを通して自己確認をなしていくそのような過程は、幸運にもある最高度の精神史的テキストによって明らかにすることができます。それは、ゲーテの色彩論です。彼がひときわ重要とみなしたこの著作の卓越した力は、ニュートン的な物理光学への抵抗から、つまり、当時初めてその完成にまで上り詰めた数学的自然科学の主要な成果への抵抗から生まれたものであるということに基づいています。ゲーテが憤慨して反論したのは、まさにそうした科学に起因して生じた世界の脱感覚化でした。計量化する科学の帰結に基づいて、自然が非常に多様な質に溢れた感性的な現象であるとするのはたんなる見かけ上の表層的なものにすぎないと過小評価されることが、あまりにも頻繁にありました。ゲーテにとっては、このことはあらゆるものを育む神聖なる自然に対する浅はかな冒涜とみなされました。感性的な世界の側面をそのように否認することは、感覚的な質とともにそのなかに見え隠れする「意味」をも消滅させてしまうがゆえに、ゲーテにはなおさら弾劾に値するものにみえたにちがいありません。なぜなら、数学的自然科学は、数量化によって魂を抜かれる以前の自然であれば人間に語りかけるであろう「言葉」を、そのような感覚と意味の空虚化によって、聴き取り不可能なものにしてしまったからです。自然は、人間にそのような「言葉」を発しなくなってし

まい、計量する知性にとっての意味を失ったデータの足場となるのです。

以上のように、ゲーテの色彩論は、少なくとも自然が自らの感性的な自己啓示を通して科学による自然の空虚化をはねのける抗議なのです。人間は、感性的かつ感覚的に体験する存在として、感性を拒絶する思考主体としての自分自身に異議申し立てを唱えるのですが、ゲーテの色彩論は、その際に拠り所となる抗議以上のものにほかなりません。人間は、ただ諸機能の厳格な分化を通して、すなわち、ただ根本的な生の内実からの脱却を通して、人間自身の精神的な任務を果たします。そのために、人間が耐えざるをえない痛みが感性のなかに発生してしまいます。そのことをひとたび認識した者なら誰でも、ゲーテの色彩論が世界史的なテキストとしての重みを有していることを否定することはないでしょう。彼の色彩論は、これまでずいぶんと過小評価され、また誤認されてきたのです。

自然を客体化する能力が補充されることによって生じる精神的な活動が現れるとき、私たちは否応なく直接的に芸術へと導かれていくのを感じます。ゲーテの作品は、そのような認識まであとほんの一歩のところに位置しています。例の相互対照の過程においては、一方で計量化する自然科学が自らの完成へと突き進み、他方で芸術が、それ相応の独立性を強めながら、自らの使命に対する意識に目覚めます。その使命とは、計量化する科学の勝利によって感性的な世界観から引き離され、ますます抽象化された領域に世界の中核と現存在の意味内容を求めることに慣れきってしまった世界を、芸術で満たさなければならない、というものです。世界が感性的な側面を有していることについての省察へとゲーテを駆り立てたのは、まずは色彩一般ではなく、ある特定の機能を有した色彩でした。ゲーテがそのように述べていることに気づくとき、私たちはゲーテ自身から決定的な示唆を受けるのです。ゲーテによれば、彼が出発点としているのは、画家の色彩であり、つまりは芸術の要素としての色彩でした。感覚によって満たされるような、感性的に認識可能な世界の質ともいうべき色彩の意味は、生まれつつある芸術作品のなかで色彩が果たしている機能という明証性をもって明かされるのだ、ということが、そこで十分に正当性をもって納得されるのです。芸術作品は、感性的な世界の側面の全体をそれとして特徴づけるものを、これ以上ないほど高度で、なおかつ反論の余地がないほどの雄弁さをもって明確に示します。その点に、芸術作品の使命があり、また尊厳があるというわけです。そのような芸術の特徴とは、いまだ計量的な構造のうちに形式化されていない世界が人間に対して注意を喚起し、そうした世界そのもののために要請するような「言葉」が、これまでにないほどの説得力をもつようになる、という点にあります。芸術家の作品において、精神的な創造の才能に恵まれた者たちのインスピレーションからしか生じえない最大限の説得力ある言葉が獲得されるのです。

ゲーテは、そのように芸術の要素としての色彩を通して色彩の本質を解明することによって、とりわけ啓発的なある特殊事例をとりあげつつ芸術の本質および使命を明らかにしようとした考察に表現を与えました。古典時代［＝ゲーテが生きた時代］の詩人や思想家は、ゲーテの表現のもとに登場したのです。ある感覚的な自然を精神的な創造性と統合する存在だけが、したがって感覚の内容以上のものを感性的な形態にしまい込む能力を有する存在だけが、芸術という形式において、鋭くまた楽しみながら人生を十分に生き抜くことができる。古典時代の詩人や思想家は、みな一致してそのように説くのです。自然は、意味を帯びた色彩をもって人間に語りかけます。人間は、自然の語りかけに対して、意味に満たされた感覚的な造形物によって応答する能力を有し、またそのような使命を与えられている存在です。自然は、そのような存在としての人間に呼びかけるのです。芸術とは、感覚に呼びかけようとする世界の現象が招いてくれる対話を人間が受け入れることであり、またそのような対話を高めていくことです。ここでもまた、客体化する思考の「能力」を補う「能力」の独立が、遭遇する世界からの促しによって目覚め、また自らの道を進んでいくことを鼓舞されます。精神の一方と他方の活動が、同一の世界から刺激と認証を与えられるのです。

いかなる芸術の営みも、世界の感性的な形態と分かちがたく結束しています。そのことは、現代人に対してとりわけ強調されなければなりません。というのも、現代においては、そのような結束が解かれているわけではないにしても緩みつつあるようにみえる芸術的な制作物の形式が生じているからです。現代には、「抽象的」で「対象をもつ」ことなく創られる芸術が存在します。そのような芸術が解釈される際には、今日の芸術が感性の領域から常にますます遠ざかりつつある、という主張がみられるようになっています。それどころか、現代芸術の非感覚性と呼ばれうるものに、現代物理学が到達した数量に縮減された世界の極端な脱感覚性との類似性をみようとする向きもあります。以上のような考察の内容には、次のような反論がなされるでしょう。現代の芸術は、世界の現象とあれほどまでに近接している具象的な芸術作品と同じくらい、それを観る者の諸感覚に切実に訴えかけるものを創作しているのではないか。そのことを抜きにしては、この世界の物事が私たちの感覚の前に立ち現れる形態から現代芸術が解離している、ということを明らかにし、また証明したことにならないのではないか、と。芸術というものは、芸術が感性的な意味を完全に断念してしまうその瞬間に、芸術であることを同時に止めてしまうものです。「自然の形式から芸術の形式が解放されること」は、感性から解放されることではまったくないのです。

それと同様のことは、詩の創作にもみられます。詩の創作内容を現実から遠ざけたり、唯心的なものにしたりすることによって、やはり徹底して、感覚によって捉えられる世界から距離を取ろうとしているようにみえる作者たちがいるのです。そのような詩の作品についても、次のように言えるでしょう。芸術の領域においては、そうした作品がその内容を言語の形式に止めることができるかぎりにおいて、市民権はそうした作品にあるのだ、と。そうした言語の形式が作用するために非常に重要な役割を果たしているのは、言葉が有する感性的な刺激です。そうした刺激がなければ、詩と呼ばれているものは、雑談や、あるいは論究へと変貌してしまうでしょう。

つまり、芸術における昨今の方向転換がみられるからといって、感性を輝かせるような能力と、感性を否定する思考の能力の双方が、互いを自立していく方向へと誘うように刺激して促すような一つの世界から生じているということには、何らの変化もみられません。両者ともに、二つを分離していく対照的な方向性を損ねることなく、その根幹を共有しているがゆえに関連し合っています。私たちがそうした分化を進行させていく発展を遡り、世界との遭遇の開始が忘却の闇に消失してしまうようなその地点に辿り着くことによって、このことはいっそう確かなものとなるでしょう。双方の能力の間に越境することのできない分断が生じているにもかかわらず、機能を相互に区別し合うような分化が起こる以前に存在していたであろう人間と世界との関係を想念することがなお可能です。人間精神における二つの創造物による教示のおかげで、そのような想念が可能になります。一つは、今もなおそれが創造された最初の日のままの活き活きとしたかたちで私たちのまさに中核に位置しています。もう一つは、再構成を司る想像力という才知を通して現代人の視野に入ってくるものです。前者は言語であり、後者は神話です。後に開花していくであろう文化のあらゆる萌芽を内包している生の状態では、いかなる萌芽も原初の世界体験の統一性をことの成り行き以上に早期に分断してしまうことが許されるような特別なものにはなりえません。どれほど言語や神話がそうした生の状態を証してくれるのかを解明することは、ここで扱える範囲を超えています。精神のうちに最初に内包されていたものや準備されていたものが創造を通して完全に展開してできあがった花冠が最終的に確信されるためには、何世紀にもわたる文化の発展過程がもたらすのと同程度の労苦と歓喜が求められることになるでしょう。そのような過程の経過全体が鳥瞰されるとき、能力が相互に分離して徐々に自立へと至る道程が、またその結果として最終的に自らに固有の指令にのみ従う科学と、独自の生を営む芸術が生じて、そのような分化の過程が完了したことが明確に示されるようになる道程が、辿られることになるのです。

成熟しきった文化の担い手である私たちにとって、神話の方法にしたがって後に分離していく精神の機能を生全体の意味統一性のうちにまとめあげていた原初的な生の状態に立ち返ることは、容易なことではありません。したがって、まさにここで扱われている両機能の系譜を辿ることによって、その起源からしか理解されえない創造の原初形式にまで遡及できることは、幸いなことであるといえます。ここで注目したいのは、氷河期における人間の創造物です。その完成品は、私たちに対して、そのような創造物が発生したのはいったいなぜなのかと問うように迫ります。目下のところ洞窟に描かれた動物壁画の発見が増えておりますが、世界を再現することへの素朴な喜び、すなわち原始的な「芸術」が生み出されたことをそうした動物壁画のうちに見出せるのだと、まずは感じられることでしょう。そのような絵画は、世界連関についての原初的な解釈の全体から誕生したものではあります。しかし、実際には、その解釈は、感性によって捉えようとする衝動に基づきつつも、絵画が有するさまざまな魅力のうちのたった一つのものを有しているにすぎません。そのような図像の創作者にとって重要であったのは、

「魔術的」な作用でした。そうした作用のおかげで、感覚的な絵のうちに描かれたもの――この場合は狩猟の対象となる動物――は、絵に模写されたものが現実の動物に似たものになればなるほど、描き手がそうした動物をより確実に手中に収めることができるとされました。つまり、そのような絵画を生み出したのは、形成することへの特別な衝動などではなく、世界を包括的に解釈しようとする直感でした。芸術的な衝動からほど遠いこうした描写への意欲と、生の色彩豊かな反映に魅せられた後年における芸術家の創作欲求との間には、大きな隔たりがあるのです。

芸術的創造のそうした「魔術的」な原型と対をなすものは、「技術的」実践と呼んで何ら差し支えないであろう道具の製作および使用に関するある種の前史的な在り方のうちに、見て取ることができます。前史的な道具の製作や使用を「技術的」実践と呼ぶのは、まったく当を得ないかもしれません。というのも、儀礼的な催しに道具が捧げられることによって道具が何であるかが定められるまでは、道具の製作者はしばしばその有用性を信頼しようとしなかったからです。芸術の魔術的な起源に応じているのは、技術の魔術的な起源です。双方の活動には、自らの根拠を有している共通の包括的な世界観があるのです。世界の側面を分裂させたに等しいほどの課題区分というかたちで芸術と技術の関係が秩序づけられるに至るまでには、何世紀もの時間が流れています。一方には選りすぐられた豊富な形態を有した［芸術という］世界があり、他方には数学的な関係理論に縮減された［技術という］世界があります。両者は似ておらず、それらが同一の世界像に由来するなどと信じられるようなことはほとんどありません。

諸能力の解放が完遂されるために生じざるをえなかった分断がどれほど深いものであったかが納得されるとき、まさにそうした能力が極端に自立化していることのうちに、つまり共通の生の基盤からそれらの能力が決定的に分離していることのうちに、そうした能力の衰退の開始と迫り来る解体の兆候を見て取る者たちが心気症的な陰鬱を患っていると診断されるべきであることが、わかるでしょう。悲観的な文化哲学にとって、精神の発展による自己分化は、精神の発展による自己破壊と同義です。そうした文化批判の影響は小さくありません。

以上のような近代批判者たちが迷い込んでしまった悲観的な推論に至ることなく、文化の自己分化によって人間にもたらされる困難や紛糾を説明することは可能であると、私は思います。芸術的な体験と客体化する思考とが分離したことで両者の均衡が崩れてしまっていることは、疑問の余地がありません。その兆候を、技術と芸術に認められる意義がきわめて不平等な評価を受けていることから、私たちは知ることができました。しかし、そのような［芸術と技術の］均衡の崩れや凋落の予兆を前にして諦念してしまう代わりに、両者の均衡を再生するために何を生じさせうるかということを考えた方がよいのではないでしょうか。そのように問うならば、技術の脇に追いやられてしかるべきとされている芸術、それどころかそのようなものとして定められているかにみえる芸術が、いかなる意味において現代的な生の「力」としてあえて肯定されるのか、ということが明らかになるでしょう。そのような調整を遂行することが実際の状況として解釈されるのであれば、そのような調整を行うことが誤りであるということが容易に証明されることでしょう。なぜなら、自然科学的思考および技術的行為の偉大な功績のなかで成長してきた現代人の心のなかで自然科学や技術に与えられている重心性はほんとうに並外れたものであるからです。自然科学的思考と技術的行為は、それらを至るところで適用可能な世界を手懐ける方法の地位へと格上げし、それらから分離してしまった世界と折り合うあらゆる形式をとうに時代遅れになってしまった手続きの残滓へと格下げするためのまさに最善の方法なのです。そのような思考法による指示に人が屈する場所であればどこでも、感覚によって媒介された世界現実の側面は、虚偽の、またそれゆえ訂正を必要とする表面的な光景であるとして低く評価されます。このことは、実際に生じていることによって自ずと理解されるでしょう。

しかし、私たちはそのような発展を傍観するだけでよいのでしょうか。ゲーテの時代以降、感性によって受容された世界観を数学的に縮減することによって、感性的な世界観に対する信頼を解消しようとすることがますます多くなりました。そうであるほどに、感性的な世界観の無効化に対してゲーテが行った抵抗が、ますます重要性を帯びているのです。そのような抵抗の意味と必要性が理解されるほどに、感性的な世界現象を保持したり強化したりすることを旨とする力――この力は、当然のことながら、それを補完する対抗の力を無効化するわけですが――をそれへの対抗作用として召還するほかはないと、ますます強く感じられることでしょう。芸術がその治癒力を人類に対してすでに証明してみせた、というわけではありません。そうではなく、私たち人間存在の形容しがたい貧困化の犠牲とならないために、私たちが芸術を必要としているのです。技術に対して芸術を同等の「力」として並列させたときに私たちが表現しようとしたことは、このことであったのです。

芸術は、生の全体から解き放たれたことによって、そうした生の全体に対する貢献をなす能力を自ら奪ってしまったのだ、などと反論してはなりません。芸術が完全独立していく過程を経た後も、芸術は、計量化する科学が背を向けるような世界の「感性的な」自己表出を、それ独自の能弁さによって支持することを放棄したわけではありません。それどころか、計算の精神が無慈悲にも視野の外へと押しやってしまうような世界現実の特徴を明るみに出すことが重要とされる場合には、芸術は、ほぼすべてを見通さんばかりの機知を発展させていくのです。

芸術のなかには、視覚に問いかけながら、慈しみをもって何よりも世界の感覚的な現象の全体を捉えるために必要とされるであろう感覚に呼びかけるものがあります。そうした芸術は、それゆえに感覚現象の最も直接的な守り手とみなされます。先ほど述べたことは、そのような視覚的芸術にのみ当てはまることではありません。それと同様に、聴覚にかかわる芸術、つまり、意味を宿している感覚的なるものよりも、感覚的なるもののうちに隠見する意味の方にメッセージの重点を置くような芸術にも、そのことは当てはまります。なぜなら、そうした芸術においても、音色や響きが、感覚性を媒介することによってのみ人間精神に打ち明けられるような秘密を伝達してくれるからです。芸術というものは、どの形態においても、諸感覚の門を通って人間に流れ込んでくる印象を、感覚的かつ超感覚的な的確さで捉え、保持し、より高度の意義にまで高めるように努めるものです。したがって、芸術とは、ゲーテが熱く弁護しようとしたあの世界の感覚的仮象への忠誠に対する偉大な、そして何にも代えがたい擁護者であり守護者なのです。

芸術には、計量化する科学によって理論で抑えられてしまった［感性的な］世界観に、その権利と正当な評価を獲得させることを主要課題とする力がある。私たちがそのように認識するとき、古典時代の諸解釈、とりわけカントによる解釈においてその範型が示され、とくに芸術に期待されたり要請されたりするものに関する日常の判断にとって今もなお基準であり続けているような芸術の意義づけから、袂を分かつことになるでしょう。古典時代の解釈によれば、「想像力」と呼ばれる「能力」の生産物を芸術作品のうちにみるべきであるとされます。そのような能力に帰属するとされるのは、現実世界とは別の、つまりすでにそこにあるものとみなされている世界とは別の、第二の「想像された」世界をさらに生み出すという課題や権能です。こうしたイメージを特徴づけているものは、まさに「二世界論」と呼ぶにふさわしいものです。そのような世界観に囚われているかぎり、芸術は、気休めや感動を目的として、人間を現実世界から逃避させ、第二の想像的な世界へと連れて行くことを課題とすることになるでしょう。芸術の本質と作用をそこに見出す人においては、人間に付与された諸器官を活性化することを芸術に期待することはできません。そのような人は、客体化によっていまだ浸食されていない芸術の形態のなかに、想像的な世界も、ましてや現実の世界も捉えることもできないでしょうし、芸術との協調を求められてもそれを達成することはないでしょう。そうした人にとっては、芸術と関わることとは、現実世界から想像上の世界へと逃避することとそう変わりがないのですから。

そのような芸術のイメージから袂を分かつときにのみ、まさに私たちの世界が、つまり現代の世界が芸術によって与えられなければならないものは何か、ということが視野に収められることになるでしょう。いずれにせよ、芸術が現実世界の枠内に自らの場所を有していないとして、芸術によってもたらされるものを「想像的」と呼ぶとしても、人間と現実世界との関係がかくも不安定となった状況下において、芸術が人間を支えるのだという考えを排除する必要はありません。想像の高まりを通して「現実的」な世界の感覚的な側面を可視化すること、また、そうした側面に割り与えられた人間の感受性を獲得させることによって「二つの力の」どちらをも脅かすような無視や衰弱を阻止し、それとは逆向きの動きを通して解消するように努めることが、うまくいったとします。そうしたとき、芸術は人間を想像的な世界へと逃亡させるのではなく、現実世界のなかにあらためて根付くことになるでしょう。それによって、芸術は、技術が自己拡大しようとする衝動と均衡を保つことが不可能ではないような「力」であることを証明したということになるでしょう。

本講演の出発点に立ち戻り、自問してみます。貴協会は、自らの集会や活動を通して、本日とりあげた精神の二つの傾向の関係をどのように考えていらっしゃるのか。貴協会が建築家と技術者の集まりであるということは、私が考察した現代における二つの力が、その相違にもかかわらず、というよりもそうした相違のおかげで、密接に関わっているのだという見解の表明といってよいでしょう。二つの力が分化していった結果、一方が他方に勝り、また他方を通してその一方が独自の特徴を獲得していきました。そうした分化の進行とともに、二つの力は自らの独立へと突き進んでいったのです。その際、二つの力の拡張に責任をもって当たる者たちにとって、経験と計画との繰り返しのなかで二つの力が相互依存し合うという意識が活発であり続けるということほど望ましいことはありません。双方のグループの相互扶助的な関係が一つのグループの内部に小さくまとまって凝縮したかたちで繰り返される場合に、そのような両者の相互接近はとくに明白になります。建築家と技術者の邂逅のうちに芸術と技術の邂逅が表出しているとみなされるとき、そのような邂逅は、建築家のなかでもう一度、またより緊密なものとして、実現されるでしょう。なぜなら、建築家が創り出すものにおいて、まさに芸術的に創作する精神と技術的に構成する精神が想定されうる範囲で最も密に結びつくことになるからです。おそらく、円熟した文化は、芸術という賜物と技術という恩恵を切断してしまうことなく、それらを区別するような厳密さを有しています。建築家の活動において生じていることほど、そうした厳密さを説得的に示しているものはありません。とはいえ、両方の能力が建築家の心のなかで手を携え、緊密な共同作業を行いつつも、分離に向けた弛まぬ努力を介して練り上げられていった最低限の独自性を放棄しない場合にのみ、建築家は自らの義務を遂行することができるのではないでしょうか。

引用・参考文献

1. テオドール・リット著、小笠原道雄・野平慎二編訳『科学の公的責任―科学者と私たちに問われていること』東信堂、二〇一五年。
2. テオドール・リット著、小笠原道雄編、木内陽一・野平慎二訳『原子力と倫理―原子力時代の自己理解』東信堂、二〇一二年。
3. 宮野安治論「リット政治教育思想の研究（Ⅶ）―共産主義と自由の問題―」『大阪教育大学紀要第Ⅳ部門』第一六巻 第一号、大阪教育大学、二〇一二年、二七一―二八四頁。

結語

著者は、本著「はじめに」において、現代を「世界史的時代」と特徴づけて表記し、あわせて、この「世界史的時代」の潮流が錯綜し、不安定になっていることを、地球的規模で拡大した新型コロナウイルスによる感染とその対応策が政府においても国民各々においても混迷を深めていること、さらに、それに対する科学の役割に関しても政治も市民もその判断が出来ない状況にあることを指摘した。そして今日、ウクライナ問題で顕著となった一国の指導者による強権的な抵抗民族殲滅という「軍事特別作戦」という言語に絶する状況を指摘した。まさに、Th.リットのいう「今の時代をどのように理解すべきか?」という問いかけが、私たち一人ひとりに対して地球的規模で求められていると言っても過言ではない。

本著『テオドール・リット：人と作品―時代と格闘する哲学者・教育者』の人物、テオドール・リットが体験した一九五〇年代のドイツが置かれた状況もまた、「世界史的時代」と感じられるに十分だった。東西の冷戦の影響を受けて、ドイツは一九四九年に東西に分断された。東側諸国からは共産主義の躍進が宣伝され、西側ドイツの経済は復興の劇的変化で潤う。

そのような状況下で、一九五七年にはドイツ軍の核武装計画が発表され、すぐさま著名な物理学者等による反対声明「ゲッチンゲン宣言」が出される。科学技術の進歩の極致として核兵器の出現を前に、人類の絶滅が切迫感をもって描かれたのであった。地球的規模で政治や社会の状況が変化する時、「今の時代をどのように理解するか？」というリットの問いかけにわれわれは、真摯に向き合うことが求められよう。確かに、出来事の意味は必ずしもすぐに明らかになるわけでもなく、後になって、初めて評価が定まる場合もある。従って、歴史の流れや出来事との関連で自己のおかれた現在の立ち位置を、その根拠にまで遡って理解しようとする努力や姿勢は、困難であるが、つねに頭に入れて対処出来るように準備しておかなければならないものであろう。

幸いにも、われわれが本書において考察したように、リットは、自身が体験した「戦後冷戦」という政治状況を二つの論文に残している。われわれはこのリットの体験を論文から「追体験」して、その歴史の事実を正視し歴史に学ぶことを主体的に熟慮すべきである。

引用・参考文献

第1章

第1節　戦後ドイツ原子力問題の端緒―原子力時代の自己理解（一九五七年三月）

［注記1：アルフレート・グロセール著、山本尤・三島憲一・相良憲一・鈴木直訳『ドイツ総決算一九四五年以降のドイツ史』社会思想社、一九八一年］

［注記2：「ゲッチンゲン宣言（Göttinger Manifest）」一九五七年四月一二日、W・ハイゼンベルク、湯川秀樹序、山崎和夫訳『部分と全体』みすず書房、一九七四年］

［Literatur］Zum Geleit von Bundesminister für Verteidigung F.J.Strauß, in: "Schicksalsfrage der Gegenwart-Handbuch politisch-histotischer Bildung",Erster Band,1957. s.7-8.

第2節　核エネルギーの「人類に対する責任」という視点からの倫理的問題

Theodor Litt, Atom und Ethik, in: "EURATOM-Wirtschaftliche, politische und ethische Probleme der Atomenergie", EUROPA-UNION DEUT- SCHLAND,o.j. s.109-126.

1．テオドール・リット著、小笠原道雄編、木内陽一・野平慎二訳『原子力と倫理―原子力時代の自己理解』東信堂、二〇一二年。

2．テオドール・リット著、小笠原道雄・野平慎二編訳『科学の公的責任―科学者と私たちに問われていること』東信堂、二〇一五年。
3．テオドール・リット著、小笠原道雄・野平慎二編訳『歴史と責任―科学者は歴史にどう責任をとるか』東信堂、二〇一六年。
4．テオドール・リット著、小笠原道雄・山名淳編纂訳『弁証法の美学―テオドール・リット最晩年の二つの記念講演から』東信堂、二〇一九年。
5．テオドール・リット著、小笠原道雄・野平慎二編纂訳『現代という時代の自己理解―大学・研究＝教育の自由・責任』東信堂、二〇二一年。

第2章　テオドール・リット教育学の歴史・多元的研究方法論
廣松渉ほか編『岩波 哲学・思想事典』岩波書店、一九九八年。
第1節　二極弁証法
1．杉谷雅文著『現代哲学と教育学』柳原書店、一九五四年、一一五―一一七頁。
第2節　パースペクティヴィズム（遠近法主義）
1．西勇論「リットにおけるパースペクティヴィズム（Perspektivismus）の成立―ライプニッツとの関連をめぐって―」教育哲学会編『教育哲学研究』二五号、教育哲学会、一九七二年、一八―三四頁。
外国語文献（Literatur）
1．Th.Litt, Ethik der Neuzeit, 1927, s.76（関雅美訳『近世倫理学史』未来社、一九五六年）
2．G.W.Leipniz, Monadologie, hersg. von H.Glpckner, Reclam, 1966, s.12

3. Karen Gaukl, Peter Gutjahr, Dieter Schulz, hersg. Theodor Litt – Pädagoge und Philosoph – Sein Ringen um die Freiheit in Forschung und Lehre - , 2 Auflage, Leipziger Universitätsverlag.

第3章　テオドール・リット：哲学者・教育者 ― 歴史的理性に基づく反省と提言

引用・参考文献

1. 和辻哲郎論「カントにおける『人格』と『人類性』」(和辻哲郎全集第七巻) 岩波書店、一九六三年。
2. 石川健治著『自由と特権の距離 ― カール・シュミット「制度体保障」論・再考 ―［増補版］』日本評論社、二〇〇七年。
3. 蔵内数太論「重層的社会―深さの社会学」所収：北川隆吉監修『現代社会事典』有信堂高文社、一九八四年、四九四頁。
4. 稲富栄次郎「リット教授の想い出」教育哲学会編『教育哲学研究』第八号、一九六三年。
5. テオドール・リット著、小笠原道雄・野平慎二編訳『科学の公的責任―科学者と私たちに問われていること』東信堂、二〇一五年。

第4章　テオドール・リットの人間観 ― 最晩年の三つの講演から

第1節　プール・ル・メリット学術勲章 (Orden Pour le Mérite für Wissenschaft) 受賞記念講演 (1956)

第2節　エルンスト・ロイター追悼講演「事物化した世界における自由な人間」(1956)

第3節　第一〇四回シンケル記念式典講演：現代における生の力としての芸術と技術―ベルリン建

築家並びに技術者協会第一〇四回シンケル記念式典におけるテオドール・リット教授祝賀記念講演（一九五九年三月一三日ベルリン国際会議堂において開催）

引用・参考文献

1．テオドール・リット著、小笠原道雄・野平慎二編訳『科学の公的責任―科学者と私たちに問われていること』東信堂、二〇一五年。
2．テオドール・リット著、小笠原道雄編、木内陽一・野平慎二訳『原子力と倫理―原子力時代の自己理解』東信堂、二〇一二年。
3．宮野安治論「リット政治教育思想の研究(Ⅶ)―共産主義の問題―」『大阪教育大学紀要　第Ⅳ部門』第一六巻 第一号、大阪教育大学、二〇一二年、二七一―二八四頁。

補論1　ライプチヒ大学主催　リット・シンポジウム、リットと長田新

――「原子力時代」の自己理解と日本の教育学者長田新論文―リットとの比較研究

解題：

今回取り上げる人物、長田新(一八八七―一九六一)は、日本における教育哲学、教育思想研究の巨星、第一人者であり、かつ、学会のリーダー(一九四七年初代日本教育学会長に就任)でもあった。特に、その思想、理論の中核には、ドイツにおける教育思想、教育学の研究があり、一九二八―二九年にはライプチヒ大学のテオドール・リットのもとで教育哲学を研鑽した。同時に、長田は世界的なJ・H・ペスタロッチー研究者としても著名である。なお長田は、一九四五年八月六日、広島市内の自宅で被爆し、瀕死の重傷を負ったが、奇跡的に回復、同年一二月二六日、国立広島文理科大学長に就任し、廃墟に帰した大学の復興に尽瘁している(一九四九年まで)。また、一九四八年一二月には新たに発足した日本学術会議の会員に就任(一

一九六一年の死亡まで)し、政府に対する学術会議としての諸「勧告」、「決議」、「声明」案の作成にも積極的な役割を果たした。なかでも、一九五〇年の「戦争目的の科学的研究の拒否」決議、一九五四年四月二三日「核兵器の研究拒否・原子力研究三原則(公開・民主・自主)の声明」は本論に関連するものである[1]。

ここでは長田新の「原子力時代」の理解を当時の日本の科学思想界の動向も考慮に入れて考察し、特に、長田教育哲学の到達点とも言われる主著『教育哲学—教育学はどこへゆく』[2](一九五九)の「第7章：危機と教育」、並びに「第8章：現代ドイツ教育学の課題」の考察を中心に、リットの「危機観」、「原子力時代の自己理解」との差異(視点の相違)を明らかにし、併せて、被爆地広島の教育学者として長田の諸実践を紹介する。

世代論的には、リットと長田は、同世代人といって良かろう。ただし、思想形成の土壌は当然ながら全く異なる。長田は、一九〇六年、当時中等教員養成機関であった広島高等師範学校に入学、さらに一九一二年京都帝国大学の哲学科に進学する。そこは一般に「京都学派」と呼称される「ヨーロッパ的なもの」と「日本的なもの」とが緊張をもって重層的に探求され、『あるべき近代』が模索される「空間」でもあった。その中で、長田は、リベラリズム及び(西洋的)ヒューマニズムを身につけることになる。これらを土台に一九二〇年代末、長田はリットのもとで教育哲学を学び、日本に於ける「文化教育学研究」の旗手といわれ、教育学研究のリーダともなった。だが、一九四五年八月六日、世界で最初の原子爆弾を被爆し、瀕死の中からよみがえった後の長田は社会科学的ヒューマニズムを中核とする「社会科学として教育学」を標榜し、平和運動（「子どもを守る会」の創設も含む）に驀進することになる。

1　長田新の原子力時代の自己理解にいたる道程

①前提としての長田教育哲学の考察：長田の教育哲学は三部作から成る。その端緒は(1)『現代教育哲学の根本問題』（1926.6）[3]である。本書は長田が学としての教育学の構築を意図した教育の哲学的論究である。長田は本書序章「現代の教育哲学」において、「教育の学理的考察は二〇世紀に入って、言わば一つの新たなる起源に入った」と述べ、フリッシュアイゼン・ケーラー（Frischeisen-Köhler）に従い、「実証主義」に立脚する一派を「経験的教育学」、「批判主義」に立脚する一派を「批判的教育学」と呼称し、前者をE・モイマン（Meumann）、P・ベルゲマン（Bergemann）の諸説から説明し、それを批判している。批判の根底は、実証主義はすべての実在が自然科学的方法を以て克服しうる所謂「因果関係（Kausal Zusammenhanng）」にあるという前提に立つのであるが、この前提そのものは自然科学的方法を以て取り扱う事が出来ないからである

としている。この論拠を、長田はリットを援用し、「実証主義の根底には実証主義によって説明することの出来ない根本的仮定が秘められている」からであるとしている。これに対する「批判的教育学」(Kritische Pädagogik) を長田は、P・ナトルプ (Natorp) 一派を中心にその特徴を説明し、その論理性を批判している。その上で、当時両者を統合しようとして台頭して来た『生命哲学』(Lebensphilosophie) について論究している。すなわち、この立場は存在と当為、現実と理想、普遍と特殊、個人と社会などをすべて二元論的に見ずに、一元論的に統一する立場で、それに基づく教育学、すなわち「文化教育学」について論を展開している。ただし長田はナトルプの「理想主義の教育学」にも生命哲学のこの『生の全一性』の重視を見ている。特にここで長田がナトルプの社会的理想主義やEd.シュプランガー (Spranger) の文化哲学が共に労働を「霊化」しようとし、労働は理念の具体化であり、生命の全一性のうちに潜む形成衝動の表現と把握していることは重要である。周知のように、この立場はリットによる古典主義的陶冶観からの「離反」ないし「超克」として理解されよう。なおこの論究の参考書として長田はリットの Die Philosophie der Gegenwart und ihr Einfluss auf das Bildungsideal, (1924)[4] を挙げている。これらの立場は従来の教育学と異なり、生命哲学を基調として哲学や倫理や宗教や芸術等、主として文化の上層ばかりでなく、経済や産業や労働等、文化の最低層まで浸透し、産業文化もしくは労働文化の新建設を図るものである、として注目している。尚本書に於いて長田は「教育学の基礎付け」、「文化教育学の本質」のテーマで詳論しているが、その多くがシュプランガーに依拠している。そのシュプランガーとは、一九二二年一月二六日、長田は恩師の小西重直博士と共にベルリン・クアフュルステンダム通り262の私宅を訪問している(s.299)[5]。この旅行(一九二一―二二)は第一次世界大戦後の我が国教育政策の樹立のため、帝国教育会長澤柳政太郎を団長として小西重直ら五名と共に、約一年間欧米諸国の教育政策・教育事情を視察し、中でもドイツに最も長く滞在し、シュプランガー、リット、ナトルプ、ケルシェンシュタイナー等を訪問している。全体的に本書は、二〇年代ドイツの哲学や教育学思想に従い論述しているのが特徴としてあげられる。

(2)第二は『最近の教育哲学』(1938.4)[6]である。本書は長田が哲学と教育学との関係に関する問題の解決を、主としてナトルプ以後の生命哲学、弁証法、現象学、存在論、哲学的人間学、歴史哲学等の諸学が教育哲学において結合され、問題の解決を図るものとして論究されている。先の(1)の書物の発展と考えられるが、シュプランガーやリットの文化教育学、とりわけ、リットの弁証法的思考方法を中心にその手法を受容しながらも、長田独自の文化教育学が展開されている。そこでは全体観と具体観の教育学として「生命哲学」にその基礎をおく教育学が強調されている。その際、前著に比べてシュプランガーやナトルプよりリットに依拠する論述が極めて多いのが特徴として挙げられる。具体的に指摘すれば、長田は「弁証法を教育学に導き入れた第一人者はテオドール・リットである」と断定し、「いかにして〈精神科学〉の基礎を確立すべきかに就いての理論的認識論的関心から（リットが）シュプランガーと袂を分ち、現象学並びに特に弁証法に、従って、またヘーゲルに赴いた」と述べている。長田はリットの弁証法的教育本質観を“Die Philosophie der Gegenwart und ihr Einfluss auf das Bildungsideal”(1925)や“Führen oder Wachsenlassen”(1927)[7]の書物を挙げ詳論している。その上で、長田は「科学としての教育学」の性格を価値科学と存在科学との総合の上に成り立つ一種独自の「全体学」であるとしているのである(s.13)。さらに、「具体観」を教育学の方法論的原理とする現象学的教育学乃至教育科学に就いて論究しているが、特に、当時のドイツの政治的社会的意味での「危機」と更には存在論的・実存的世界観運動に声援されて、教育の政治化を主張する“Politische Pädagogik”の発展が見られる事を指摘している。前者の〈危機〉に関しては、H・フレイヤー（Freyer）の“Zur Bildungskrise der Gegenwart”(1931)[8]を参照して、将来の国民教育は与えられる具体的生活を基礎として建設されねばならないと主張するフレイヤーの立場を長田は認めている。後者の“Politische Pädagogik”に関しては、A・ボイムラー（Baeumler）の論文‘Die Grenzen der formallen

Bildung,[9]から、「教育学は『政治的教育学』として政治科学の広い領野に挿入されるであろう」と長田は肯定的に引用している。この具体観の教育学に関する論述には、全く、リットに関しての論述がみられない。このフレイヤーの「危機」の把握やボイムラーの『政治教育学』(Politische Pädagogik)に対する立場は、リットと根本的に対立するものであり、長田との間には大きな差異が存在する。全体的に、本書は一九二〇、三〇年代ドイツ教育哲学の展開を詳細に論究し解釈したもので、それらを基礎に教育理論を把握しかつ教育作用の本質を解明したものとして当時我が国では高く評価された。

(3)三部作最後の書『教育哲学―教育学はどこへゆく―』(1959.8)[10]は、長田教育学の到達点を示すと同時に、第二次大戦後の学界に大きな衝撃と問題を提示することになった。結論的に本書で長田は、自己の到達点を「社会科学的ヒューマニズム」(s.169)の立場とし、学理論的に「今後の教育学の新たな基礎として経済学をあげなければならない」として(s.202)、それ迄、ナトルプに倣い『教育学は全体学』であると主張してきた立場から転換したのである。同書の「まえがき」で長田は、長文にわたる自己の教育哲学研究の道程を述べ、「三部作はそれ自身私の教育哲学研究の歴史的発展であり、本書『教育哲学』は私の教育哲学研究が到達した帰着点といっていい」(s.9)とまで述べている。その上で、「歴史的発展」とは「否定による肯定即ち歴史に媒介される「止揚」によって到達した」と結論づけている。この「止揚」による長田の「社会科学的ヒューマニズム」がいかなるもの(概念)かを巡って、当時我が国で隆盛をみていたソヴィエト教育学あるいは社会主義的教育学とあいまって学会では大論争を引き起こし、長田の「転向」として注目をあびた。長田の立場は「近代のヒューマニズム」と「現代のヒューマニズム」を明確に区別して、前者の否定の上に歴史的発展の「止揚」として後者があり、それは「社会主義的ヒューマニズムとなる外ない」(ss.222-224)と断言しているのである。

尚、同書「まえがき」で、長田は「何故自分はTh.Littのもとに留学したのか」を印象深く述べている。若干長いがそのまま引用する。「私は一九二八年三月から二九年六月迄再度ドイツに留学し、Universitaet LeipzigでLittの許で教育哲学研究に専心した。私がNatorpを去ってLittに行ったのは、理想主義の哲学より生命哲学へという単に一般的な道ゆきの外に、Littにおいて歴史がとりわけ大きな課題として取り上げられていたからだ。私はLittの魅力はここにあると思った。Littは毎週木曜日午後三時から五時迄私を私宅に呼んで、私の質問を中心に教育哲学を論じてくれた。—ある時Littは率直に私にこう言うのであった。「SprangerがSchleiermacherなら僕はHegelだ」と。この一句にはSprangerとLittとの学問上の立場が端的に現れている。—Littは論理主義者で、学問の理論的体系により多くの関心をもっていた。私はそういうLitt

に期待をかけてLeipzigに二度迄来たのである。」と(s.6)。

2　長田の危機観の本質とリットの危機観に対すその批判

①長田の危機観の本質：長田は『教育哲学―教育学はどこへゆく―』の第七章「危機と教育」で「私は『原子力』の発見が現代が危機の時代である一つの根本契機だと思う。というのは原子力がもし人類を幸福にするという学問そのものの本来の目的から逸脱して戦争に用いられるとすれば、それは人類にとって恐るべき危機だ。」と述べ、「本来の目的から逸脱して戦争に使用されるのは、原子力が帝国主義と結合して『原爆帝国主義』(atomic imperialism)になるからだ」としている。その上で「原子力は帝国主義の問題だ」と断定している。しかも「帝国主義は周知のごとく資本主義の最高段階」であるという。(s.200)このように長田は『マルクス主義の歴史発展段階説』を忠実に「カノン(Kanon)」として受容し、現代の危機が資本主義に由来するとしているのである。このような長田の「カノン」の受容は唯単に個人の研究者の態度だけではなく、一九六〇年代の日本では「進歩派知識人」を中心に思想界、学界挙げての思想「運動」ともなっていたのである。それは単に教育哲学だけではなく、自然科学、とりわけ、物理学や生物学に顕著にみられる傾向であった。例えば、当時日本を代表する理論物理学者の坂田昌一(Syoichi

SAKATA, Prof.Dr.Universität Nagoya, 1911-1970）は「現代科学の源マルクス」の標題で、「現代科学と呼ぶにふさわしい科学は一九世紀半ば、社会科学として成立し―そこにはマルクスの唯物弁証法・唯物史観があり―歴史がどのような方向に変りつつあるかを正しく予言し、歴史を変革する力と成り得たのはマルクスの「資本論」であり、レーニン（Lenin）の「帝国主義論」であり、毛沢東の「実践論」と「矛盾論」であった」（『岩波講座 哲学「自然の哲学」（1968）』（ss.361-362））[11]と断定している。このような観点を基礎に坂田は「現代科学の現代性」を記述している。坂田は、「原子の世界の法則―量子力学」の標題で自己の専門分野、「原子物理学」の発展を「固有の法則をもつ無限の階層」、「相互に転化する階層、進化する自然」を詳論している。そこでは、マルクスの発見した社会の法則が社会の階層において成立するのと同じように、個別科学に於いても無限の階層が存在し、――それらが相互に転化する階層であり、――（その転化が）進化する自然」としている。一般に「坂田理論」として一世を風靡した理論の基礎には上記のようにF・エンゲルス（Engels）の「自然弁証法」があり、同時に、湯川秀樹の『中間子論（meson theory）』の発展に協力した同僚の素粒子研究者である武谷三男（Mituo TAKETANI, 1911-2000）の科学発展の「三段階論」（自然認識は現象的段階、実体的段階、本質的段階を経て発展するという）への共鳴が顕著なのである。坂田は「今日、科学の危機、人類の危機をもたらしている最大の原因はまさにこの（近代科学的方法から全く脱却していない)点にある」としている(s.366)。このように当時の日本における危機観は、社会科学、自然科学に共通するものであり、教育学においては長田にその一つの典型を見る事が出来る。

②長田のリットに対する批判：長田は同書、第八章「現代のドイツ教育学の課題」で、Ed. シュプランガーの危機観に並んで、リットの危機観とその批判を展開している。長田は戦後リットの主著『人間と世界(Mensch und Welt.)，(1948)』[12]の冒頭部分、すなわち「今日の人間は安らかな信頼の感情からいきなり放り出されてしまったので、再び自己の実存が何処から何処へ(das Woher und das Wohin)ゆくかということを明らかにし、このような運命を現出した前提を究明し、そしてこうなった現存在に展示されている見込みを判定しなければならないという、のっぴきならない必要を痛感している」(s.11)を引用して「この一句に出ている現代人の危機意識は、戦後 Litt の全著作を貫く基調である」と述べている(s.241)。そこでリットの問題関心が新たな「人間学(Anthropologie)の樹立にあり、それは「歴史的人間の存在論的自己解釈としての Anthropologie でなくてはならない」と長田は主張している。長田に一貫してみられる人間観は「人間は歴史によって作られて、歴史を作る存在である」という命題である。その際、長田はリットの歴史的現実を主体的に乃至は行為的に体現する「立場の価値(der Stellenwert)」を認める。問

題は、この「歴史的人間」の「立場」乃至「主体」をめぐっての把握の方法、あるいは解釈にリットと長田の間には根本的な相違があることだ。周知のようにリットの場合、歴史的人間にとっては、「人類歴史の全体は、常にただただ一定の立場からのみ―尋ねられ確かめられる」(Die Frage nach dem Sinn der Geschichte, 1948, s.27)。長田は、このようなリットの「立場」乃至「主体」といわれるものが具体的に何を指し、誰を示すのかを問題にする。結論的に、長田はリットの問題意識には「社会科学的な乃至は体制的な立場が希薄である」(s.250) と断定している。従って、リットが同書で示すマルキシズムに対する見解 (ditto, s.15) は「弁証法的唯物論の示す社会の発展法則乃至それの客観的性格を必ずしも正鵠を得たものではない」(ss.250-251) と判断しているのである。だがしかし、同時に、リットが歴史的人間の世界に対する「立場設定 (die Einstellung)」乃至この世界での「方向定位 (die Orientierung)」、そこにみられる意味の「遠近法主義 (die Perspektivisums)」は、単に歴史的な意味の相対的な「特殊化 (die Besonderung)」の基礎付けに正しい論理的確証を教えてくれるだけでなく、さらに歴史の解釈と創造との主体的行為の動機付けに深い実践的確立に対するこのアンビヴァレンツ (Ambivalenz) な評価をどのように考えたら良いのであろうか?少なくとも、両者には「弁証法的思考」を基本としながらも、その弁証法もリットの場合はJ・コーン (Cohn) の「二極弁証法 (bipolare Dialektik)」の影響を受けながら「二元論の体系」が相互に浸透融合する弁証法であるのに対して、長田の場合は、明らかに社会科学的な発展段階説の思考方法と受け止めているし、歴史意識もリットの場合は「歴史の意味の自己特殊化」[13]にも人間の「決断を選択する自由(die Freiheit)」がセットで考えられているのに対して、長田の場合は、マルクス主義を「カノン」とする、固い「歴史発展」の法則から歴史意識を一元的に考えていたのではなかろうか?

これらのリットの"Naturwissenschaft und Menschenbildung"(1952)[14]から、リットが今日普遍化している自然科学的思惟の可能性と限界とを明示する事によって、現代の文明に批判的省察を加える意図を読み取っている。周知のように、リットによれば、人類の歴史が「事物化(die Versachlichung)」を目指してたゆみなく前進し、有機的生命・自由意志・宇宙創成論、さらには社会や宗教などの領域にまで進出し、一切を自己の方法論の優位性の支配下におこうとしている。そこでは人間の本性が変質されて、生命のない単なる「事物(eine Sache)」と化してしまう[リットの場合、「事物」(Sache)は自然科学的客体物とそれをもとに構築される社会的な構築物(制度等)を指すものとしてSacheの語が用いられている]。しかもこの「事物」は単なる手段の対象として規制されるから、人間は科学技術に奉仕する奴婢に転落してしまう。このような情況を前にして、リットは自然科学のもつ妥当性とその正当な権利を認めるとともに、他方、自然科学の限界を明らかにしなければならないとしている。ところが人々は科学技術の効果に対する万能主義に魅せられて、もともと人類社会の福祉増進に奉仕すべき科学を誤って利用する自己矛盾に陥ってしまう。われわれに必要な事は、一方で人類の文明を促進させるとともに、他方破壊させもする相反する可能性をもつ自然科学の統御に関する「賢察(Visitation)」なのである。従って、今日の教育は人間陶冶の全過程において、科学技術に対する深く正しい認識を身につける人間を形成しなければならない。以上、論者(私)は自然科学の出現とその異常な発展とを契機として「二律背反」に陥って躓く現代文明の危機の打開に対するリットの主張を長田の記述に従い述べた。だが長田はリットの主張する「自然科学の統御の「賢察」だけで問題が解決するとは思わない」(s.257)としている。リットの主張には「資本主義的生産関係の内包する自己矛盾が、科学技術の性格を生産的なものから破壊的なものへと転化せずにはおかない社会科学的考察が欠けている」と長田は批判する(s.253)。だが続いて長田は「問題の焦点をあくまでも人間的なもの乃至教育的なものにおけるリットの意図はそれ自身妥当といっていい。だからわれわれは彼の思索のなかから問題解決への幾つかの貴重な示唆を汲み取ることができる。」(s.253)とリットの問題に対するその「意図」を評価している。

③長田の原子力問題に関する実践：一九四五年八月六日原子爆弾被爆後の長田新（五八歳）の実践は多岐にわたるが、ここでは「原子力」問題に関わる若干の実践をドイツとの関係を考慮して以下、簡単に紹介する。

(1)長田新編『原爆の子―廣島の少年少女のうったえ―』（岩波書店、1951.10.14）。長田は本編著に長文の「序」を書いている。「私は今ここに、当時廣島に住んでいて、原爆の悲劇を身をもって体験し、あるいは父や母を失い、あるいは兄弟に死なれ、あるいは大切な先生や親しかった友達をなくした廣島の少年少女達が、当時どのような酸苦を嘗めたのか、また現在どのような感想を抱いているかを綴った手記を諸君の前に示そうと思う。」と。そして末尾で「私は悲しくも、また痛ましくも、消え亡くなった二十四万七千人の霊前に、この手記を捧げて、その冥福を祈り、世界の平和へ出発したい。」と結んでいる。本書は「平和教育のバイブル」として今日世界数十ヶ国で翻訳され読まれている。同時に、長田の序文には、連合軍の厳しいプレスコード（Memorandum concering Press Code for Japan）のもと、原爆投下の経緯を「原子力時代」の到来過程の中で述べている。そして「原子爆弾が投下された後、はじめて原子力の平和的利用の問題がとりあげられた。」と記している。第二次大戦後の我が国の「平和主義」への歩みや、それに伴う日本の「教育改革」、更には東西冷戦期の緊張下での「平和教育」に就いても言及している。

(2)ゲッチンゲン宣言と長田新。周知のように、一九五七年四月一二日、西ドイツの一八人の原子科学者達が「原子力兵器の製造、実験、配置に、どんな方法でも一切参加しない」という、いわゆる「ゲッチンゲン宣言」を発表して世界中に大きな感動を与えた。日本に於いても、同年五月、湯川秀樹を中心とする物理学者二五人がこの宣言を支持する声明を出して注目された。これらの声明に応答すべく、長田は「Göttingen の科学者の宣言にこたえて」という廣島の学者一二人の名をつらねる長文の「書簡」[15]を起草し、一九五七年の夏、国民平和使節として欧州諸国へ「反核」の旅に立つ、倫理学者であり同時に廣島の「反核」運動の中心的人物、森滝市郎(Ichiro MORITAKI, 元広島大学教授, 1901-94)に託した。この長田の書簡は、「W・ハイゼンベルク博士をはじめ、西ドイツの指導的科学者一八名の『原子兵器の実験・使用・研究のためには働かない』という宣言を読んで、われわれ廣島の科学者は多大の感謝と感激に浸っている。」で始まり、「原子核分裂エネルギーの平和利用ならびに原水爆の実験・使用・研究の無条件的反対、同時的禁止という要望において、世界平和のメッカ廣島の科学者の悲願と、ゲッチンゲンの科学者の悲願とは、いまや符節を合するごとく一致した。われわれは東西相携えて、世界平和のために奮闘したいと思う。」と結ばれている。(『中国新聞』、一九五七年八月三一日)このあまり知られていない『書簡』を抱いて森滝市郎は八月二〇日にドイツに入り、八月二七日、ボン市のケーニッヒホテルで四〇人程の参加者を前に記者会見を行いこの書簡について報告している（その模様は一九五七年八月二八日の新聞フランクフルター・アルゲマイネ（Frankfurter Allgemeine）に報道された、と森滝は記している）[16]。その後森滝は、八月三〇日、ハイデルベルク大学（Universität Heidelberg）の物理学研究所（Institut für Physik）にH・コッペルマン教授（Kopfermann, 1895-1963）を訪問し、この長田の書簡を手渡している。

コッペルマン教授：ゲッチンゲン宣言の署名者で、長くドイツ原子力委員会の核物理部門の委員長を務めた。

まとめ

我々は、「原子力時代」の自己理解をめぐる一九五七年のリットの論文に触発されて日本の代表的な教育哲学者長田新を中心に「時代」の「理解」と「危機」を考察してきた。結論的に長田は、マルクス主義の歴史発展の段階説を「カノン」として受容し、堅持して歴史的に「危機」の本質を解明しその克服を図ろうとした。これに対して、リットの立場は、人間の生のなかに現れる矛盾、すなわち、「二律背反（Antinomie）」を内包する全体存在としての人間の立場から問題を把握し、人間の論理で問題の解決を図ろうとする。当時リットは、〈自然主義的思考の妄想〉として「人間は、自分自身を自然法則的に決定される事物に作り替え、その後ではじめて、事物としての自己自身を自由に処理できるようになる」とし、このような「困った情況（Verlegenheit）」を生起させることを「われわれにハッキリトミエルヨウニ（ad oculos）実演してくれているのが、かの全体主義的制度、つまり「社会の自然法則」の確立をその主要なイデオロギー的中核とする全体主義的制度である」と述べ、マルクス主義の人間理解を暗に批判しているのである（Th.Litt, Technisches Denken und menschliche Bildung, ss.76-77）[17]。このように、長田とリットには問題把握の立場において決定的な相違が存在するのである。この相違は当然、原子力時代における、自然科学、技術の把握、理解あるいは解釈においても根本的な相違を生じさせる。その際、リットの科学技術における「事物（Sache）の理論」と「人間の論理」の解消不可能な対立、すなわち、〈二律背反（Antinomie）〉の徹底的な考察は特に重要である。人間が発見し、それを技術に応用する思考と、その人間によって創出された技術が根本的に対立。技術が事物自体の持つ論理に従って人間と思考と無関係に突き進む点に、リットは原子力利用の危険の可能性の本質と問題の核心を見ているのである。その上で、究極的に我々が、この対立をいかに解決するかの問題に論を展開しているのである。リットは原子力エネルギー問題の解決を経済的、政治的解決ではなく、より高い倫理的次元での解決以外に道のない事を示唆している。即ち、リットはその解決の中核に、最高価値の「責任」をおき、「責任」という「範疇(die Kategorie)」へ「決断(die Entscheidung)」をフィードバックさせる事が、問題解決には不可欠なこととしている(vgl., Litt, Atom und Ethik, in: „EURATOM, 1957)。

このような「原子力時代」に対する姿勢から当然、両者の「陶冶(人間形成)」の在り方にも大きな差異を生むことになる。リットは、労働世界を含む「事物の世界」をあくまでも人間の「自己省察」によって、その世界の接合構造を「賢察する能力」の育成にこそ現代の「陶冶の根本課題」があるとした。その上で、リットは、次のように結んでいる。「近代の人間の現存在に係わる全体的状況のその本質は、その状況が、事物知識を欠いた「善良な意志」の誤ちによってではなく、事物知識を乱用する悪意に満ちた意志の不当な介入によって、無秩序と化し、自己否定へとかりたてられる、ということにある。この現存在を通して、われわれがまきこまれていく混乱を、われわれは、ヘーゲルが「思想的道徳性」と名付けたあの力の援助なしには処理できない」と。[18] このようにリットは、問題及びその解決の方途をアンビヴァレントな人間実存の徹底的な探求に徹して追求した。

今われわれ人類は、一九八六年四月二六日、旧ソ連邦のチェルノブイリの原発事故、そして二〇一一年三月一一日の福島第一原発事故に遭遇して、核エネルギー問題(使用済み核燃料の処理を含む）解決の方途を巡って、混迷を極めている。一〇年前、わが国で最もリベラルな総合雑誌『世界 SEKAI』(2012, January no.825)[19]では、ドイツ「倫理委員会」の報告書から、その一部が翻訳され紹介されている。そのタイトルは「原発利用に倫理的根拠はない」である。そこでの「来るべき世代に対する責任は、――われわれの行動の結果にまでおよぶものである。」との一文は、まさに五五年前のリットの思考が源泉となっているのではないか。リットは論文「私たち自身この時代をどのように理解するか？」の末尾で以下のように結んでいる。「〈原子力時代〉の人間は、かって人間の精神におかれたことのないほど重い責任という重荷を背負っていることに気づく」と述べているのである。

そして今日、ウクライナ中南部ザポリージャ原発破損の問題である。放射性物質の拡散が懸念されるとメデイアは伝えている（二〇二二年九月三日付）。

最後に、リットと長田新とをやや、スローガン的にその特徴を比較表現して本論を閉じたい。その際、ベンヤミン・オルトマイヤーの著書名、"MYTHOS und PATHOS statt LOGOS und ETHOS", (2009) 20）を一つの規準枠として使用するなら、次のようになろうか。長田はマルクス主義の歴史発展の段階説という「神話（MYTHOS）」を武器に『近代の克服』を図り、ヒューマニズムの実現を「平和運動」という「情熱（PATHOS）」による実践において達成しようとした。これに対してリットは保守的ではあるが、新たな人間学の探求として、アンビヴァレンスな人間本性の探求や事象の解明を「論理（LOGOS）」に徹し追求し、「エートス（ETHOS）」において問題解決の道を図った、と。

注

1　テオドール・リット論「私たち自身、今の時代をどのように理解するか？」『現代の運命的問題―政治的―歴史的陶冶のハンドブック』ドイツ連邦国防省編，1957. ss.9-28.

2　長田新著『教育哲学―現代教育学はどこへゆくか』岩波書店、一九五九年。

3　長田新著『現代教育哲学の根本問題』改造社、一九二六年。

4　テオドール・リット著『現代の哲学とその陶冶論への影響』Teubner Verlag/Leipzig & Berlin, 1925.

5　長田新著『最近の教育哲学』岩波書店、一九三八年。

6　テオドール・リット著『指導か放任か―教育の根本問題』Teubner Verlag/Leipzig und Berlin, 1927.

7　Freyer, H. 論「現代教育の危機」In:Die Erziehung,Juli/Augst 1933.

8　坂田昌一論「現代科学の現代性 三 原子の世界の法則―量子力学」『岩波講座 哲学6 自然の哲学』岩波書店、一九六八年、三五九―三七五頁。

9 テオドール・リット著『人間と世界―精神世界の基本線』Federmann Verlag/Müinchen, 1948.

10 テオドール・リット著『歴史の意味への問い』Piper Verlag/Müinchen, 1948.

11 テオドール・リット著『自然科学と人間陶冶』Quelle & Meyer Verlag/Heidelberg, 1952.

12 テオドール・リット著『技術的思考と人間陶冶』Quelle & Meyer Verlag/ Müinchen, 1957.［テオドール・リット著、小笠原道雄訳『技術的思考と人間陶冶』玉川大学出版部、一九九六年。］

13 長田新編『原爆の子　廣島の少年少女のうったえ』岩波書店、一九五一年。

14 長田新論「原爆の子」「中国新聞」八月三一日一九五七年。

15 森滝市郎論「ゲッチンゲン宣言と長田教授」『信州白樺』長田新特別号（Nr.61・62・63 合併号）1985, ss.158-160.

16 『世界』第八二五号、岩波書店、二〇一二年一月号、八八―九五頁。

17 オルトマイヤー・ベンヤミン（Ortmeiyer, Benjamin）, Mythos und Pathos statt Logos und Ethos, Beltz Verlag/Weinheim und Basel.2009.

18 Th. Litt, Atom und Ethik. In: EURATOM-Wirtschaftliche, politische und ethische Probleme der Atomenergie, EUROPA-UNION DEUTSCHLAND, o. j. ss.109-126.

19 三島憲一訳・解説「原発利用に倫理的根拠はない―ドイツ『倫理委員会』の報告から」『世界』第八二五号、岩波書店、二〇一二年一月号、八八―九五頁。

補論2　日本におけるテオドール・リット教育学の受容
――日本教育学説史再考の試み

英文レジュメ：

A Study on the Reception of Th. Litt's Pedagogy in Japan: An Attempt of Reconsidering the Japanese History of Educational Theories

Michio OGASAWARA

This study considers, as a form of receiving German pedagogy in Japan, how the pedagogy of Theodor Litt (1880-1962) has been received in the development of pedagogy in Japan: that is, what elements of Litt's thoughts and theories have interested Japanese educational researchers, been studied and received, from the standpoint of "the history of reception and inference". The study deals with literature and transactions of researchers from the beginning of the 1920's to 2010, for 90 years. The total number of the literature about Litt in Japan is approximately 250 (monographs, articles, translated books, items in dictionaries and others). While Litt-studies have been made in the fields of sociology, philosophy and ethics as well as pedagogy, this study confines itself to pedagogy. The subtitle, "An Attempt of Reconsidering the Japanese History of Educational Theories", reflects the fact that recent studies on "academic pedagogy" after the 1920's in Germany indicates significant errors in the understandings of Japanese reception of German pedagogy.

The outline of the study is: Introduction; 1) The Reception of German Pedagogy as Preconditions of that of Th. Litt's Pedagogy; 2) The Reception of Th. Litt's Pedagogy and its Development; and 3) Conclusion.

はじめに

テオドール・リット(Theodor Litt)は、一八八〇年一二月二七日、ドイツ・デュッセルドルフに生まれ、一九六二年七月一六日、ボンで生涯を閉じた二〇世紀を代表する哲学者、教育学者である。

本稿は、そのリットの教育学が日本の教育学の発展の中でどのように受容されてきたのか、あるいは、リットの思想や理論の何が日本の教育学研究において関心を呼び、研究の対象とされ、受容されてきたのかを「影響・作用史」研究の立場から、日本におけるドイツ教育学の受容の一形態として考察する。一応、考察の対象の時期を一九二〇年代初頭から二〇一〇年迄の約九〇年間に限定し、その状況を人物の交流や文献を中心に考察したい。この間、日本においてリットに関する文献数（著書、（紹介を含む）論文、翻訳書、事典項目等の全領域を含める）は、「目録」等の研究、調査によれば、全体で約二五〇程度である。なお、日本ではリットについての研究は教育学の領域だけではなく、社会学や哲学、倫理学の領域に及ぶが、今回は、考察の対象を教育学の領域に限定した。また、今回特に、本論の副題として「日本教育学説史の再考」を付したのは、最近のドイツ教育学（史）の研究において、ドイツ本国における研究の成果からドイツ「アカデミズム（大学）教育学」という一般化の問題、つまり、ドイツの各大学によって、その研究のスタイル、研究の対象、方法にかなりの独自性があり、その「一般化」が問題を孕んでいることが明らかになったからである。とりわけ、一九二〇年代以降の「大学教育学」に関しては、各大学の置かれた「地域性」に起因する「特徴」あるいは「独自性」が顕著である（周知のようにドイツの大学は州立で各州が財政負担を担っている）。それにも拘らず、わが国では、依然として、『ドイツ教育学』一般として、紹介され、論述されている(私自身もそのように表記してきたが)。日本における「ドイツ教育学」の受容過程におけるその一般化による考察の方法を、特に、今回回避する必要性を痛感してこのような副題を付した。従って、リットの教育学は、同時に、当時のライプチヒ大学の哲学・教育学を代表する傾向であり、方法であったことをここで強調しておきたい。なお、ライプチヒ大学は創立六〇〇年を数える伝統あるドイツ大学の一つで、ザクセン州(州都はドレースデン)に属する。ライプチヒ市は、ヨーロッパにおける商業、文化等東西・南北交流の中心地で、特に、印刷業等出版業はヨーロッパのセンターでもある。また、バッハの音楽に代表されるように宗派的には、プロテスタント(新教)ルター派の土地柄である。ドイツ学研究の基本として、地域性と宗派性(両者は強く結合している)を特に意識する必要があることを筆者はここで強調しておきたい。

1　リット教育学受容の前提としてのドイツ教育学の受容

ドイツ教育学の日本への受容や展開(「Rezeption der deutschen Pädagogik und deren Entwicklung in Japan」)について、論者は、二〇〇五年七月二日、ブラウンシュヴァイク工科大学からの名誉哲学博士(Ehrendoktor)授与の記念講演で、人物交流(日本からの国費留学生やドイツからの招聘教授等）の観点から、約一二〇年にわたる状況を「影響・作用史」の観点から報告した。要約すれば、状況は次の通りである。(1)日本の教育学は欧米の教育学の移植に始まり、特にドイツ教育学の潮流と密接な関係をもって発展し、後年の日本の教育学のあり方に深い影響を与えた。起源は、一八八一年で、明治政府内での政変を契機として、「ドイツ一辺倒の風潮（Deutschlandversessenheit）」が生まれる。この政変とは、伊藤博文と岩倉具視を中心として、明治政府内部の民権派を駆逐し、立憲制の実現をめざす一種のクーデターであった。文部大臣井上毅が「ドイツ学（die deutsche Wissenschaft）」の奨励策を打ち出したのは、「保守ノ気風ヲ存セシメン」ためである。一八七五年にはじまる文部省貸費留学制度のもとで、政変後、ドイツにおもむく留学生が急増し、明治の文部省留学生の八〇％がドイツに出かける。井上毅の思惑どおり、「ドイツ学（die deutsche Wissenschaft）」は、官学の中枢を占め、日本近代史上における画期的な現象、いわゆる「ドイツへの傾斜」が進行する。また、「ドイツ一辺倒の風潮」とは、ドイツという歴史風土の中で育まれた学術や技術、すなわち、「ドイツの諸科学」を移植することによってわが国の近代化を推進しようとする政策に連動する風潮でもある。(2)日本におけるドイツ教育学の受容は、この明治政府の意図的な政策転換と軌を一にする明治二〇年代、ドイツのヘルバルト派の影響を強く受けた時期に始まる。具体的には、ヘルバルト派のドイツ人教師E・ハウスクネヒト（Hausknecht,

Emil 1853-1927)(注)の文科大学（東京帝国大学の前身）への招聘である。このことによって、明治政府は、教育制度の整備そのものをドイツの公教育をモデルとしてすすめようとしたのである。ハウスクネヒトと並んで当時、ドイツ教育学を学び、わが国教育学の理論の展開に寄与したのが大瀬甚太郎（1865-1944）である。大瀬はハウスクネヒトに学び、一八九一年には『教育学』を著わすが、それは、ヘルバルト派の「学校教育学（Schulpädagogik）」を中心として、整理したものであった。大瀬はその後、一八九三年には、教育学研究のためフランス、ドイツに留学、特にベルリン大学でF・パウルゼン（Paulsen, F., 1846-1908）の教育学、C・シュトムプフ（Stumpf, C., 1848-1936）の心理学、ヨハンネス・フォケルト（Volkelt, J.I., 1848-1930）の哲学、教育学などを聴講し、さらに、イエナ大学ではW・ライン（Rein, W., 1847-1927）の教育学、R・オイケン（Eucken, R., 1846-1926）の倫理学を傍聴し、一八九七年帰国した。注目すべきは大瀬にみられるように、この時期の留学生はドイツの各大学にみられる「個性」や「特色」を無視して、百科全書的に「ドイツ学」を丸呑みして受容している点である。他方、一八八六年、ドイツに留学していた野尻清一が帰国、一八九〇年より（東京）高等師範学校においてヘルバルト主義の教育学を講じた。先のハウスクネヒトの教え子（谷本、湯原、稲垣等）によるヘルバルト教育学説の展開と並んで、以後、わが国におけるヘルバルト主義の全盛時代が約一〇数年間続くことになる。更に、一九一〇年代より、教育問題を自然科学的思考から取り扱うものとして「実験教育学 (ExperimentellePädagogik)」の学説がW・ライ (Lay, W.A.) やE・モイマン (Meumann, E.) の翻訳を通じて紹介され、これまたわが国の教育学研究の一潮流をなした。(3) 一九一三―一九二六年の大正年代における教育学の主流は、一八九七年以降の自然科学主義の批判として現れる。それは近代の教育学説の実証的傾向を批判し、同時に、近代教育に対する理想主義に基づく解釈を加えるものである。自然科学主義の傾向を批判し、教育の理想主義的解釈を提供した学説としてR・オイケン (Eucken, R.1828-1901) の思想と関係する「人格教育学」(Persönlichkeitspädagogik) や「新カント派 (Neukantianer)」の思想、特に、P・ナトルプ (Natorp, P.) と関係する教育学説が注目される。ナトルプはすでに明治三〇年代に『社会的教育学 (Sozialpädagogik)』を通じてすでに知られていたが、この頃から新カント派の教育学論として新しく見直される。『社会的教育学』に続いて、『哲学と教育学』(Philosophie und Pädagogik)、『一般教育学』(Allgemeine Pädagogik) が盛んに読まれ、翻訳も続いて出版された。このナトルプの教育思想を中心として、この派の理想主義的教育学を大成した書物が篠原助市 (1876-1957) の『批判的教育学の諸問題』(Probleme der kritische Pädagogik, 1922) である。本著は、日本で最初の教育学理論を構築した書として高く評価されている。さらに、ナトルプ研究を通じて、P・ナトルプのペスタロッチー (J.H.Pestalozzi) 解釈が知られ、これを介して新しいペスタロッチー研究がわが国において成立する。その代表的著作として長田新(1889-1961)の『ペスタロッチーの教育思想』(1927)や福島政雄(1889-1976)の『ペスタロッチーの根本思想』(1934)が出版され、わが国における「ペスタロッチー運動」の理論的・思想的基盤を形成した。この大正年間、わが国では「大正デモクラシーの思潮」のもとアメリカの教育学、特に、J・デューイ(Dewey,J.)の理論が再び考えられ、教育学説として重きをなす。このような流れの中で、一九二〇年以降、W・ディルタイ(Dilthey, W.)の教育思想の系譜につながる「精神科学的教育学(Die geisteswissenschaftliche Pädagogik)」に属する人々の教育学説が、「文化教育学(Kulturpädagogik)」として、盛んに論じられるようになった。この後、三〇年代初頭迄のわが国教育界は、この教育学説によって彩られた。このように、大正期(1913-1926)の思潮は「理想主義的ドイツ哲学に属するもの」からやがて、自然科学に対する「文化科学」、自然主義に対する「文化主義」が力説され、「文化と教育との関連」が教育学研究における重要なテーマの一つとして注目されるようになったのである。その先駆となったのは、(著作としては)入沢宗寿(1885-1945)の『文化教育学と新教育』(1925)であり、乙竹岩造(1872-1953)の『文化教育学の新研究』(1926)であり、長田新(1887-1961)の『現代教育哲学の根本問題』(1926)であり、それが入沢宗寿の『デイルタイ派の文化教育学』(1926)、海後宗臣(1901-87)の『デイルタイの哲学と文化教育学』(1926)に結実する。この派のドイツ教育学説はさらにシュプランガー（Spranger, Ed.）、リットを中心に「文化教育学」あるいは「精神科学的教育学」の研究として展開され、戦後の一九六〇年代に至る日本における教育学研究（特に、大学（アカデミズム）教育学において）の主流を形成してきた。

何故に日本でこれほどまでに強力な「文化教育学」の隆盛をみたのか。それは、わが国におけるアカデミズム教育学の形成と関係する。小西重直や篠原助市、やや遅れて長田新等は、「学校教育学」を中心とする当時の教育学への批判とその克服を志向する。具体的には、ヘルバルト派の「学校教育学」への批判を、当時の欧米諸国の「新教育」の理論を媒介して提示し、主張したのである。その際、批判・克服の基盤を哲学、すなわち、ドイツの批判主義哲学や生命哲学に求め、教育学のあらたな学問的構成を意図したのである。もう一つ当時の日本の教育界の動向がこれに絡む。一九二四／二五年頃から「教育学は文化教育学たるべし」としたわが国教育界は、一九二六年に入って、それまでも底流として潜んでいた国粋主義、極端な日本文化重視の傾向が次第に台頭してくる。これらの風潮に対して、普遍的なヒューマニズムを基本とする「文化教育学」が特に強調され、重視されたのである。

2　リット教育学の受容

考察して来たように、リット教育学の受容は、わが国教育学における一九二〇年代の「文化教育学」の受容を前提とし、とりわけ、ディルタイ派の代表的人物として受け入れられる。三〇年代もこの傾向が持続する。それを象徴的に示しているのが、当時わが国で学術的に最も権威のある書店として知られる岩波書店から一九三一年刊行された『岩波講座　教育科学』が刊行されるが、その第一冊の付録として雑誌『教育』が添付さ、その口絵にディルタイ、シュプランガー、リットの三人の写真が掲載され、その編集後記に「口絵は毎回の配本内容に関係深い主な学者の肖像を掲げ、その面影を通して（読者に）学説とともに一層の興味を深める一助ともしたいと考えている」と記している。当時の日本の教育界の三者に対する関心の深さが伺われよう。

①論文・著書によるリット紹介

ところで、わが国でリット教育学に関して、リットの文献を直接引用して論究した最初の論文は、一九二三年二月、伊藤奠典、元台北帝国大学教授（旧台湾）の「教育学方法論」である。本論文は京都帝国大学文学部哲学科の機関誌『哲学研究』（京都哲学会）第八巻一月二月号の二回にわたって掲載された「教育学方法論」においてである。中でも、二月号（八三号）では、リットの論文：「教育学（Pädagogik）」（Systematische Philosophie, 1921, s.276 ff.）と「教育学的思考（Die Methodik des pädagogischen Denkens）」（所収、『カント研究 Kant-Studien』Bd.XXVI Heft1-2, 1921, s.17 ff.）を翻訳し、引用しながら、リットの説を紹介している。ただ、ここで注目したいのは、伊藤が特にリットに注目するのは、教育学の「学としての方法論」への関心であり、それはまた、当時のわが国教育学の重要関心事でもあったのである。つまりこの問題は、ヘルバルト以後の教育学において、科学としての「教育学」の自律を巡る核心的問題でもあった。一九二三—二四年、長田新も同じ機関誌『哲学研究』（第八、九巻）で「文化教育学の出るまで⑴⑵」の論文を寄せている。ここでの長田は、文化教育学の出現を人格的教育学との関係から考察し、「文化教育学はただ人格を文化本質（Kulturwesen）と解し、したがって、「教育の問題をこの文化本質としての人格の教育にむけた」としている。その上で、シュプランガーと相並んで現代文化教育学の一頭目とも見るべきリットが「まず、教育学見地より主観と客観との本質的関係を明らかにし、以て自らの文化教育学的立場を示すと同時に（この）問題にも答えようとした」と述べている。その根拠として、長田はリットの論文：「現代の文化（Die Kultur der Gegenwart, Teil I）」（1921, s.289）を引用している。さらに長田は、文化教育学の主張の為には、人格と文化の関係を価値哲学や文化心理学の方向から考察しなければならないとしてシュプランガーを中心に論じているが、「科学と陶冶」の問題に関しては、特に、リットをとりあげ、リットに従えば、「教育活動の本質は主観と客観との特殊な共同（Ineinander）である。」とし、「文化教育学が陶冶の本質を哲学的に考察し人格的要求に対して客観性を正義づけた」と結論している。最後に、文化哲学によって基礎づけられる陶冶理想の問題に言及し、リットが一九一九年に公刊した『個人と社会（Individuum und Gemeinschaft）』において、「文化哲学的見地から個人と社会の相互関係を教育上本質的に基礎づけた」と結論づけている。ここで長田の論文に言及したのは、この時期におけるわが国におけるリット理解のレベル（どのようなリットの著作や論文を読んでどのように理解し把握していたのか）や関心（リットから何を学びたかったのか）等を示したかったからである。その後、長田の教育学研究がわが国に於けるリット研究に極めて大きな影響力を及ぼすことになる。尚、長田は、一九二八―一九三〇年にかけて、ライプチヒ大学に留学、リットのもとで研究を重ねることになる（帰国後の一九三一年、長田は『独逸だより―再遊記―』を刊行し、その一九八―二〇七頁においてい「リット教授のこと」を記している。）ここで長田が、「シュプランガーとリット」の両者には「可なり顕著な対比」があり、リットとの会話の中でリット自身「シュプランガーをシュライエルマッヘルとすれば、余はヘーゲルである。」と言ったなどは、「両者の学風を表はして餘りある」

と記している。この長田の記述は極めて重要である。ここには明治期の留学生とは異なり、長田は対象(者)を客観的に評価し、位置づけしているのである。ただし、長田においても「学風」の相違が学者個人の気質に還元される点が気になる。本論の趣旨から言えば、リットの動的思想構造と歴史的コンテクストとしての当時のライプチヒ大学哲学・教育学教室との交差連動において両者の差異を把握する必要がある。

次にこの時期――一九二五年から一九四〇年代にかけ最も多くその著書や論文でリットに言及した研究者に入沢宗壽(東京帝国大学教授、一八八五―一九四五)がいる。入沢もドイツ・ライプチヒ大学に留学し、リットと面識がある点に注意したい。入沢は、著作『文化教育学と新教育』(一九二五)、『教育思想問題講話』(一九二六)において、数多くリットに言及しているが、同年『デイルタイ派の文化教育学説』においては、二五頁に亘り「リットの教育学説」を紹介している。また、入沢は、『文化教育学と体験教育』(一九二六)においてもリットを取り上げている。この時期、リットの個人名を冠した論文に、小林(石山)修平の「リットに於ける現代哲学と陶冶理想との関係」(一九二六)、村上俊亮の「リットの哲学と文化教育学」(一九二七)、竹井弥七郎の「テオドール・リットの教育学と文化教育学」(一九二七)等があるが、それらは次の村上俊亮・海後宗臣共著『リットの文化哲学と教育学』(一九二八)の前段をなすものである。わが国における本格的なリットの紹介は、本著からと考えてよい。

②本格的なリット紹介

本著『リットの文化哲学と教育学』の冒頭に両著者の恩師、吉田熊治（東京帝国大学教授）が「序」をよせている。その「序」は本著の構成、内容を実に的確に示していると共に、リットに関する当時のわが国の理解状況を良く著わしている。曰く、「Litt は Spranger と共に文化教育学者の双璧であることは、広く教育界に知られている事実であるが、直接に Litt の学説を調査研究する資料のほとんど翻訳されていないことは、原書を使用し得ざるものの久しく恨事とした所である。Litt のドイツ語は頗る古典的のものであって、美文ではあるが極めて難解である。それが為に Litt の論著にして邦文で紹介されたものは極めて少ないのである。しかるに（今回）村上、海後の両学士に依って Litt の哲学思想と教育学説とが纏めて解説せられたことは、我が教育界に取りて大いなる福祉と言はざるを得ない」と。その上で、「Litt の思想学説の根本を述べたものは『認識と生活（Erkenntnis und Leben）』及び『個人と社会（Individuum und Gemeinschaft）』の二著である」と述べ、（略）「本著の第一章は『認識と生活』の骨子を紹介し、第二章は『個人と社会』のほとんど全体の解説であり、そして、第三章は Litt が別に公にした所の「教育学（Pädagogik）」の詳細なる紹介である」と本著が使用した文献とその構成を明示している。その上で、「本著の如く原著に即して正確にかつ忠実にLittの思想学説を叙述せるものは何処の国にも無いと思う」として、「本書の価値は極めて大である」と評価している。「序」の結びにおいて、吉田は、「文化教育学の思潮の正統派とも言うべきものはシュプランガーにあらずしてむしろリットであると思う。（略）大体においては（リットは）ディルタイの思想学説を継承祖述して居ると考える」とリットの立場を示している。この吉田のリットのディルタイに対する位置関係の判断は両著者の判断とも考えられる。村上もその「序文」で「シュプランガーはディルタイの正統的後継者をもつて自任しているけれども実際はリットの方がよりディルタイの思想に近い」と判断している。尚、村上は「（当為と存在、理想と現実、個人と社会等の）諸関係の本質及び本質に基づく普遍的関連を体験の具体的内容充実に即して捕捉せんとするものがリットの文化哲学である」と判断している。その上で、リットの文化哲学の基礎をなすものが、その構造論と価値論であるとし、本著「第一章で構造論と価値論を、そして第二章で文化哲学概要を述べた」と記している。第三章は海後が担当、「教育学」を第1節現代の教育学、第2節教育学の原理、第3節教授上の諸問題の三節構成で論じている。すでに吉田が述べているように、本章は、リットの著書『教育学（Pädagogik）』（一九二四）のほぼ忠実な翻訳に基づく諸説の「紹介」といった性格のものであるが(ここにはリットの諸説に対する批判とか評価はなされていない)、これまでわが国で「つまみ食い」的に紹介されてきたリット教育学の問題(関心)領域、それに対する理論的アプローチの方法が全体的に明瞭になったと考えられ、本著は評価される。しかし、日本における本格的なリット研究は、その後第二次大戦後の一九五四年、杉谷雅文の『現代哲学と教育学』の刊行まで二六年待たなければならなかった。無論、この間にも数多くのリット紹介がなされるが、中でも特に注目したいのは、以下の『教育学事典』に「Theodor Litt」の項目が設けられ記述されたことである。(1)入沢教育事典(一九三二)、(2)増訂教育学事典(一九三五)、(3)岩波書店・哲学小事典(一九三八)、(4)岩波書店・教育学事典(一九三九)。また、テーマ的に広がりを持った紹介論文としては以下のものが注目される。(1)宗像誠也:「リット、公民教育における国家の理念と現実(Litt, Idee und Wirklichkeit des Staates in der staatsbürgerlichen Erziehung)」(一九三一)、(2)重松俊明:「我、我—汝、社会—Th.リットを中心として—」(一九三二)、(3)加藤三郎:「テオドール リットの全体観について—主として『指導か放任か(Führen oder Wachsenlassen)』を中心として—」(一九三三)、(4)入沢宗寿:「リット、国家社会主義的(ナチス)国家における精神諸科学の位置(Litt、Die Stellung der Geisteswissenschaften im nationalsozialistischen Staate)」(一九三四)等である。

③わが国における本格的なリット研究

わが国における本格的なリット研究は、私見ではあるが、一九五四年刊行された杉谷雅文の著書『現代哲学と教育学』においてである（もっとも、杉谷は本著「まえがき」で本書完成に一八年を要した事を述べているから、本著が、大戦末からわが国の敗戦という社会的大混乱のなかで、しかも研究条件・生活条件の極めて厳しい条件下で執筆され、完成されたものである。本著はまた杉谷の博士論文でもある）。論者がここで、特に、「本格的なリット研究」（単なる紹介とは異なる）というのは、杉谷が、リットの主要文献を丁寧（正確）に読み込み、リットの思想の全体像とその思考様式を十分に把握した上で、著作を構成し、論究しているからである。結論的に、「本著はリットの教育学を歴史的に又方法論的に論究したものである。とくに、第二章はリット教育学の方法論を、生命哲学、現象学、弁証法、形而上学の諸点から詳論したもの」である（第二章　リット教育学の方法論　第1節 リットにおける生命哲学、現象学、弁証法、形而上学の関連と構造　第2節 現象学と教育学　第3節 弁証法と教育学　第4節 個性の形而上学と教育学　第5節 個性の理解と教育学）。杉谷は長田の弟子として、新カント派、ディルタイの生命哲学を学び、さらに、ヘーゲルの弁証学、ジンメルの社会学、フッサールの現象学そしてハイデッガーの実存哲学迄巡りそれらを自己の思想の中核に据える実にドイツ哲学の王道を我がものとした教育学者であった。これら杉谷の学問研究の背景が精緻でかつ体系を持ったリット研究を可能にしたのであろう。ところで、杉谷がリット研究に参入した中核的な要因は何であったのであろうか。私見ではあるが、おおよそ以下の三点が指摘されよう。⑴当然ながら、大学における教育（哲）学教授として、研究対象として「教育学の基礎付け」、「学としての自律」あるいは、「教育活動の本質の究明」等への関心をもち、それを通しての研究者養成、特に、第二次大戦後のアメリカ教育学、なかでもJ・デューイの経験主義教育に対するアンチテーゼとして、⑵六〇年代日本に顕在化する社会主義的・共産主義的運動と連動する教育界（教職員組合、学会も含む）の動向に対する警鐘と反発として、⑶教師養成と現職教員のための教育学教育の基礎理論としてのリット教育学である。論者自身、九年間（大学四年、大学院五年）にわたり杉谷の講義、演習（当時大学の三年時にリットの『指導か放任か（Führen oder Wachsenlassen）』を「原書講読」として読むのが慣例になっていた）、特別研究に参加、そして博士論文の指導を受けた。今、上記のことが彷彿としてよみがえるのである。杉谷は気質的には実に激しい人であった。その後、杉谷は、長田が監修する西洋教育史の一巻として、一九五六年『リット』を刊行する。その「まえがき」で杉谷は、「リットは多くの現代教育学者のうちで、一番するどい歴史的な感覚の持ち主である。その彼がその教育学の中に展開している諸問題を、現代的な意義のもっとも鮮やかな、また、最も鋭いと思われるものを中心にまとめてみたのが本書である」と述べている。そこから杉谷の考えるリット教育学の「現代的意義」がわかる。研究上特に論者が本著において注目するのは、巻末にあげられた「リットに関する参考文献」である。ここで杉谷は、リットの入門書としてA・レーブレ(Albert Reble)の『テオドール　リット(Theodor Litt)』(1950)をあげ(本著は今日にいたるもドイツ本国でも標準的なリット入門書として位置づけされている)、さらに、「個人と社会(Individuum und Gemeinschaft)」との関係についてリットの弁証法的見解を明らかにし、これに評論を加えたものとしてフランスの研究者J・ヴュイルマン(Vuillemin)の『人間と労働(L'etre et le travail)』(1949)をあげていることである。杉谷は本著が「個人と社会との関係についてのリットの弁証法的な見解を明らかにし、これに評論を加えたもので、リットの社会哲学に批判を加えたものとして注目に値する」と述べている。(無論、その他、H・ピクスベルク(Pixberg)の著書『社会学と教育学(Soziologie und Pädagogik)』(1923)やR・レーマン(Lehmann)の著作、『現代の教育的運動(Die pädagogische Bewegung der Gegenwart II Teil)』(1923)、さらには、一九五五年刊行のシュプランガーの『教育学的展望(Pädagogische Perspektiven)』を挙げているが)。杉谷はこのようにリット研究の動向を本国ドイツだけではなくヨーロッパ全体にも目配りしていたのである。杉谷はドイツ語(とにかく、ドイツ語の読みの深さは驚くばかりであった)、英語そしてフランス語も堪能であった。その一端として、杉谷には、リット著『生けるペスタロッチー（Der Lebendige Pestalozzi）』（1952）の優れた翻訳（邦訳、一九六〇年刊行）があるが、翻訳刊行の意図として、すでに述べた六〇年代日本の教育状況が色濃く反映されている。それは当時の文部省と日教組の対立抗争をめぐる組合運動の持つあまりにも過度な政治的運動に傾斜する態度に対する教育研究者の良心から、教師ペスタロッチーをして語らしめたものである。杉谷は異例とも思われる長文の「解説」を施し、その中で「ペスタロッチーは『集団的生存の要件』と『個人の要求』との対立の二律背反的性格を明確に承認し――（略）――その緊張に直面してもなお正しく身を持した唯一の人物」と教育者の在り方を火の出るような語調で述べているのである。

さて、六〇年代以降わが国で取り上げられたリット研究には大きく二つのテーマがある。一つは、リットの政治教育思想であり、もう一つは、広くリットの人間学に関するものである。前者を代表するものとして、前田幹の「Th.リットにおける政治教育思想」（一九六八）、実松宣夫の「政治教育の本質と課題―Th.リットの政治教育思想―」（一九七七）、さらにその批判的展開としてのパートナーシャフト（Partnerschaft）論に言及する平野智美の「リットの政治教育論」（一九七三）、そして最近では、宮野安治「リットの政治教育思想の研究(1)―文化教育学における「ナショナリズム」問題―」（一九九四）、「リット政治教育思想の研究(2)―ヴァイマール期の公民教育論―」(一九九六)等があげられる。六〇年代はわが国の教育状況もまさに「政治の時代」で「国家と教育」(国家による教育の支配)の問題が先鋭化していた。後者、人間学に関する論文としては、宮野安治の一連の研究が注目される。宮野には①「リットにおける自然と人間」(一九七六)、②「テオドール リットの哲学的人間学―陶冶論との関連において」(一九七七)、③「現代哲学と人間学」(一九七八)、④「リットにおける思考と人間」(一九八〇)等がある。ご承知のように、この時期、ドイツでも日本でも、「人間学」と「教育学」、つまり「教育的人間学」のテーマが学会でも盛んに論議されていたのである。この問題にリットの人間学の立場から発言したのが、一連の宮野の論考であった。論述の特徴は、戦後リットの著作、論文を使用しながら併せて当時のドイツにおけるリットに関する研究書、研究論文にも目配りをして数多くの論文をまとめていることである。これら宮野の人間学研究で特に論者が注目したのは、基礎文献として(これは戦前のリットの文献であるが)、リットの『生命界における人間の特殊な地位(Die Sonderstellung des Menschen im Reich des Lebendigen)』(1942)を利用し、リットの人間学の特徴・立場を正確に把握し、提示したことである。後述するように、その後も宮野は、人間と自然の関係を軸に、「リットの人間学と教育学」の論究を重ね、人間学的観点からリットの全体像を解明し、二〇〇一年京都大学から博士号を取得している(宮野安治『リットの人間学と教育学―人間と自然の関係をめぐって―』(二〇〇六)。さらに、前田幹の「文化教育学基礎論―Th.リットを中心として―」(一九六六)から始まる一連のリットに関する論究も注目される。尚、前田には未刊行の博士論文:「テオドール リットの人間学と教育学」(東北大学、一九七四)がある。全体的に、正統派(orthodoxy)なリット研究と評価される。その他、全国誌に掲載された論文を三点紹介したい。⑴西勇の「リットにおけるパースペクティヴィズム(Perspektivismus)の成立―Leipniz との関連をめぐって―」(一九七二)の論文を先ず挙げておきたい。リットはライプニッツを「ドイツの哲学的世紀の先駆者」と評しているが、そのライプニッツの「遠近法主義(Perspektivismus)」への批判を通じて、自己の「弁証法的遠近法主義」を定位した。このリットの思考は、初期の主要著作『歴史と生命(Geschichte und Leben)』(1917)、『認識と生命(Erkenntnis)』(1923)、『個人と社会(Individuum und Gemeinschaft)』(2 Aufl.1924)で展開されているものである。従って、本論は、リットの文化哲学や人間学等の理論的体系や方法論的展開の中核を形成した「遠近法主義」の本格的論究として注目される。⑵鈴木聡論「教育における伝統と未来:拘束と自由をめぐる問題―G. Wyneken と Th.Litt を中心に―」(一九八五)。本論文は、第一次大戦後ドイツにおける青年運動の教育思潮と文化教育学との間の「伝統と未来」、「強制と自由」という二つの主題に関わる教育原理上の対決を抉りだすことを課題としている。その際、青年運動からG・ヴィネケンが、文化教育学からリットが、言わば、代表選手として取り上げられたのである。従って、本格的なリット研究とはいえないが、一九八〇年代のわが国教育界での論争の一つにリットの思考が取り上げられた点に注目したい。(3)新井保幸「リットのナチズム批判」(一九八二)。本論文は、わが国におけるリットのナチズム批判を本格的に考察した注目すべき論文である。新井は自己の関心として、シュプランガー、W・イエーガー、H・フレイヤーが「ナチズムにどのように対応したか、またそれはどういう理論にもとづいていたか、という点にある」とし、その作業の一環として、リットの場合を検討するとしている。この問題を検討するために新井は、リットの二つの論文を使用している。一つは「大学と政治(Hochschule und Politik)」(これはリットのライプチヒ大学総長就任演説である)であり、もう一つは一九三四年の論文「国民社会主義国家における精神科学の地位」である。前者の論文からは、大学と学問への政治の干渉に整然とかつ力強く抗議しリットの批判精神が、ナチズムに対しても見事に貫かれている、と新井は述べ、また、後者の論文からは、リットがナチズムを三論点(精神科学におけるナチズムの非正当性、人種学(Rassenkunde)について、ナチズムの歴史の恣意的解釈について)において的確に、ほとんど反論できないまでに論破した、と判断している。これらの論究を経て、新井は、リットのナチズム批判の方法上の特質として、「ナチズムの論理的弱点を衝くことによって、間接的にナチズムを否定するところにあった」と結論づけている。ロゴスに徹したリットを新井はこの二つの論文から見事に摘出している。

④文献目録・翻訳書にみられるリット

この領域では、詳細な「日本における Theodor Litt 文献目録」(一九五六年迄) を作成し、リット研究者として論文「歴史と教育のあいだ―テオドール リット教育説の一素描―」(一九五三) を書き、かつ、極めて出版事情の困難な時期にリットの『科学、陶冶、世界観 (Wissenschaft, Bildung, Weltanschauung)』、および『指導か放任か (Führen oder Wachsenlassen)』の二冊を翻訳・刊行した石原鉄雄の業績も忘れられない。尚、リットの翻訳書に関しては、上記、杉谷、石原以外に『近代の倫理学 (Ethik der Neuzeit)』(邦訳書『近世倫理学史』) が一九五六年、関雅美によって、さらに、一九八八年、荒井武/前田幹の共訳で『現代労働社会とドイツ古典主義の陶冶理念 (Das Bildungsideal der deutschen Klassik und die moderne Arbeitswelt)』(3.Auflage, 1964) (邦訳『現代社会と教育の理念』) が、そして、小笠原道雄による一九九六年翻訳・出版した『技術的思考と人間陶冶 (Technisches Denken und menschliche Bildung)』の合計六冊がある。ただこの数は、盟友シュプランガーの翻訳書三二冊に比べ極端に少ない。その原因はなにか。基本的には、一九三六年から三七年にかけて日独交換教授として来日し、全国各地で講演活動を行ったシュプランガーとのキャリアー上の差異が挙げられるが、ごく単純にいえば、リットの文章の難解さ、とりわけ、表面的には、ドイツ語表現の難しさにある。このリットのドイツ語を読みこなし、その緊張した思考の筋道を会得するのは、日本人にとって実に大変なことなのだ。しかしながら、より本質的な点は、リットのロゴス(Logos)に徹したその動的な思考構造と歴史的コンテクストに置ける諸脈絡の動向とを交差連動させる鋭い「歴史意識」(解釈学の巨匠H.-G.ガダマーをして「当代最も鋭い歴史意識をもつリット」と言わしめた)の把握が極めて困難なのである。杉谷のリット研究に惹かれ、多くの学生がリット研究を志したが、ほぼ全員が挫折し、他の研究テーマに鞍替えをした。語学力に関していえば、今日わが国では大学におけるドイツ語の習得の問題があると同時にドイツ教育学に替わる実証研究中心のアメリカ社会学が教育学研究の中核を形成している。従って、リット研究あるいは広くドイツの教育学研究を志す後継者の育成は極めて困難な状況にある。しかし、より本質的な問題は、現代のグローバル化社会におけるドイツ教育学研究の影響力の喪失、かつての一九二〇年代から一九六〇年代迄にみられたその研究の影響力、評価が極端に減退したことによるのではなかろうか。基本的には、多発する教育問題に対する解決の正確な「手段(科学的手法)」を駆使出来なかったことにあるのではないか。それは、「解釈学的教育学」の運命として表現されようか。あるいは『精神科学的教育学』の終焉といえるのであろうか。

⑤日本の学会におけるリットの評価

一九六三年、日本教育哲学会は機関誌『教育哲学研究』第八号(一九六三)で、一九六二年六月一七日に逝去したテオドール・リット博士を追悼して、特集号を組み巻頭に晩年のリットの遺影が飾られている。尚、教育哲学会は二〇〇七年創立五〇周年を迎えたわが国でも伝統のある専門学会である。その機関誌は本年までに一〇二号が刊行されているが、この間、個人を追悼した特集は三度である。シュプランガー(一九六四年)と初代学会長稲富栄次郎博士(一九七六)、そしてわがテオドール・リットの三名だけなのである。この事実は、日本の教育学会、とりわけ、教育哲学会において、いかにテオドール・リットが尊敬され、教育哲学研究にとって重要な人物であったかの証左であろう。追悼号では、杉谷雅文が論文「リットの現代教育学に対する貢献」で条理を尽くしリットの業績を述べ、「八二年の永い生涯において、新カント学派、生命哲学、現象学、弁証法、実存哲学などの広い学問的巡礼をしつづけて、ドイツや他の国々に大きな影響を与えたリットも今やあの世にあって、高いところから地上を見下ろし、そこに彼の残した業績を人類共通の共同遺産と見なし、もはや『それは私のものだ』、などとは言わず、神と共にほほえんでいるのではあるまいか」と結んでいる。また、学会長の稲富栄次郎は「リット教授の思い出」において、一九五六年六月一六日、ボン大学で行われたリットの講演「自然科学的認識について」の模様やその後リット教授との会見の内容を紹介し、その印象をもとに、「純学問という点からすれば、リットは確かにシュプランガーを一歩抜きんでていたといってよいのではなかろうか」と評価している。そして最後に、鈴木謙三編集幹事が「リットの経歴・著作目録」をボン大学のFr.ニコリン（Nicolin, ボン大学でリットの助手を勤め、後に、デュセルドルフ大学教授）の作成した二つの著作目録に基づき、「それを補足し、不明な点はすべてボン大学に問い合わせて作成し」それを掲載している。なお鈴木も当時ボン大学に留学し、直接リット教授にお会いしている。

⑥最近の全体像をもったリット研究

(1)西方守の『リットの教育哲学』：本著は、著者が二〇〇〇年三月に東北大学から授与された博士論文「Theodor Litt の弁証法的教育哲学研究」を骨子とした学位論文である。本著の特色は、リットの弁証法的教育哲学の「弁証法」の特徴を、リットの主要著作を丁寧に解読し、さらに、ドイツのリット研究者W・クラフキ（Klafki）、J・デルボラフ（Derbolav）、R・ラサーン

(Lassahn)の諸論文の吟味を通じて解明し、続いて、「Th.リットの人生と著作」をW・クラフキの『Th.リットの教育学(Die Paedagogik Theodor Litts)』(1982)に依拠して論述されている点にある。本著の構成は、1.序論、2.教育学の方法論、3.人間観と教育(1)、4.人間観と教育(2)、5.出会いと教育、6.自己認識と教育、7.自然科学‐科学技術‐産業社会と教育、8.民主主義と政治教育、9.結論の9章で、ほぼ、リットの生涯にわたる問題関心とリットの著作順に従った論及がなされている。私は、教育哲学会の依頼を受け、学会誌で長文の「書評(Rezension)」を行い、「本著が論及の内容・方法および研究の質の両面からも—高く評価できると」と判断をした。一九五四年の杉谷雅文著『現代の哲学と教育学』に継ぐ、現代日本におけるリット研究と評価される。ただ本著にみられる西方の論究では、リットの著作順にパターン化されてその内容が説明され、記述されているので、リットのもつ思想構造の動性や歴史的コンテクストにおける解明がなされていない点が気になる。

(2)宮野安治の『リットの人間学と教育学—人間と自然の関係をめぐって—』:本著は、著者が三〇年にわたるリット研究をまとめ、京都大学に提出し、二〇〇一年に受理された博士論文である。特に、論者は、「哲学的人間学」「テクノロジーと教育」「政治的陶冶への思考」のテーマに重点をおき、「巨大なリット思想の把握解明に努めてきた」と本書「あとがき」で述べている。

何故に、これらのテーマが重点化されるのか？それは、本著の序論：「リット研究の視座」で明確に示されている。宮野は、リット思想の成立・展開をリットの著作や当時の時代状況の中でのリットの諸活動等から考察している。結論的に宮野は、リットの思想にはナチス期を挟んでヴァイマール期と第二次世界大戦後とでは、大きな変化が認められる、と断定している。すなわち、リットの思想行程を、ナチス期を過渡期として、大きく「前期」と「後期」とに分けることができる、としている。この宮野の断定を促す根拠として、ハンス-オットー-シュレンパー(Hans-Otto-Schlemper)『反省と形成意志。Th.リットの作品における陶冶理論、陶冶批判』(1964, s.14)及び、F・ニコリン(Nicolin)編『教育学と文化』の「あとがき」(1965, s.104 und s.109)を引用している。これらの考察から、宮野は、今日的な関心からも、また、リットの主要著作である『人間と世界』や『思考と存在』(Denken und Sein)をも含み入れた全体的で本格的な研究、つまり、後期リットの「哲学的人間学・人間陶冶論」という根本的な枠組みの解明を、とりわけ「人間と自然の関係」という問題関心を軸に解明し、そこに生じている問題について検討するのが本書のねらいであるとしている。本著は第一部「哲学的人間学の構想と展開」、第二部「人間陶冶論の新構築」の二部から構成され、現代の科学技術に伴う陶冶の根本問題をリットに寄り添いながら展開し、同時に、M・ヴェーバー(Weber)やM・ホルクハイマー(Horkheimer)、W・アドルノ(Adorno)

等の現代思想にも目配りをして考察している。全体的に、本著は、リットの晩年の思想において展開されている人間学および教育学を、現代の人間の問題、そしてそこで展開される人間陶冶の問題に対するリット的回答の書ともいえよう。尚、宮野にはドイツ語による論文「日本におけるリット受容の過程（Der Prozess der Littrezeption in Japan）」（1983）があることを付言しておく。

⑦「ナチズム」問題

最後に一九八二年の新井保幸の先駆的な論究があるが、今日なおも、わが国のリット研究で欠落している基本的テーマに「ナチズム」問題があることを指摘しておきたい。ドイツ本国であれほど持続的に議論され、徹底的なロゴスとエートスに徹した抵抗者リットが研究されているにも拘らず、わが国ではこのテーマは等閑視されてきた。論者自身は「精神科学的教育学派」の研究の今日的課題（中心的問題と考えているが）として、この問題の重要性に鑑み、一九七二年「一九三〇年代に於ける『科学的教育学』の一考察—その問題の所在—」においてリットとナチズム問題の考察の重要性を指摘して国家権力と人倫」（Staatsgewalt und Sittlichkeit, 1946）の考察を中心に論文「国家権力と教育—Theodor Litt の国家観の考察(1)」として論究したが、あまりの難解さに挫折を余儀なくされてきた。ただこの「リットとナチズム問題」のテーマはその後も論者の脳裏から離れることはなく、持続的に「教育思想家と戦争責任」の問題として展開してきた。その一端が二〇〇六年一月、日・独共同研究の成果として『軍国主義と国家社会主義における教育学』(Pädagogik im Militarismus und im Nationalsozialismus-Japan und Deutschland im Vergleich) (Julius Klinkhardt) として結実した。この問題に関しては、最近ライプチヒ大学リット研究所から数多くの「遺稿」等の『資料』が公表されてきているので、ナチズム期並びに第二次大戦後ソ連の支配をうけた旧東ドイツのライプチヒ大学でのリットの行動と思想を中心に「教育思想家の戦争責任」の問題を中心に論究を進める必要がある。

まとめ

(1)リット研究における対象テーマ、関心の変化：全体的に、日本では、六〇年代を節目に、リット研究のテーマ・対象の変化が窺える。具体的には、初期リットの「教育学方法論」(学理論)の関心から、後期リットの人間学研究、さらには、自然科学と人間陶冶、労働世界と人間陶冶、技術的思考と人間陶冶、そして、政治教育への問題関心の移行である。その移行期におけるリットのナチズムとの距離の取り方の問題も日本における教育学者の戦争責任の問題と絡んで、関心が高い。この変化の背景として、六〇年代以降の日本における政治的対立の厳しい状況、社会状況、特に産業構造の大きな変化があり、それに強いインパクト受けた教職員、教育学者の関心の変化が大きな要因となっている。具体的に、政治状況に関していえば、戦後わが国の教育界における、教職員組合(日教組)と政府(文部省)の対立、抗争が激化し、多くの教職員を巻き込んだ労働運動が展開された。その際、進歩的教育学者と称するグループは日教組の教育運動理論の中心となって大きな影響力を及ぼした。他方、保守的(あるいは、伝統的)な教育学者は文部省の側に加担して、カリキュラムの改訂、道徳教育の「科目化」に中心的役割を果たした。ただ、多くの教職員、教育学者はこの対立、抗争の中で、悩み、苦しみ、自己の教育的立場を「模索」した。そのような中で〈心ある〉教育関係者のなかで注目された翻訳書(一九六〇年)がリット著『生けるペスタロッチー――三つの社会教育学的省察――』であった。この日本語版翻訳書の表紙にはこう書かれている。「今日、親や教師のなかで本当に教育の意味と重大さとを自覚している人が幾人いるであろうか。数多い教育書の中で、教育の真の意味と方向とについて、また教育者の喜びと悲しみとについて、これほど深く掘り下げたものは、けだしこの本が初めてである」と。このように、翻訳書を通じたリットのわが国教育界にあたえた間接的影響は、決して軽視されるべきではない。その他、一九七一年刊行の『指導か放任か』、一九八八年刊行の『ドイツ古典主義の陶冶理想と現代の労働世界』、一九九六年刊行の『技術的思考と人間陶冶』

もそれぞれその時々の時代状況の中で注目された。なお、人間学研究への発端は、一九六〇年代の旧西ドイツにおける「教育的人間学（Pädagogische Anthropologie）論争」（O・F・ボルノウとH・ロートの間で交わされた論争）が強く影響していることを付言しておく。

(2)リット研究で今日必要とされている課題［私見］：

①民主主義に定位した「政治教育」の問題。二〇一二年の第一四回テオドール・リット・シンポジウムのテーマ『自由と生の秩序』（Freiheit und Lebensordnung）は、わが国に取っても、極めて時機にかなった重要な課題であった。戦後七五年を経ても、日本では、特に、政治においては、形式化（制度化）された表面上の「民主主義」だけが言われ、市民生活の実態は、経済至上主義を中心とする我欲中心の勝手気侭な生活現実が横行し、今やその生活スタイルが全ての領域に蔓延している。真に国民一人ひとりの主体的な「民主主義的思考」が内面化され、「民主主義的実践」が社会生活面で行われているか？との深刻な反省がなされることが必要である。

②教師養成に対するリットの見解。戦後アメリカ型の「教師養成」制度を導入してきた日本では、社会状況の大変化（家族制度、少子化等）もあって、今日、理念、制度、カリキュラム、

方法等、全ての面で「行き詰まり」の状況に陥っている。教育制度の抜本的改革の中でも教師養成の根本的な改革が必要とされている。

③ ①の「政治教育」とも関係するが、広く「公民教育」、具体的には「道徳教育」（ドイツ的表現では「価値教育」）の問題が、特に、重要である。

注

一八八七年、ドイツ人ギムナジウム教師エミール・ハウスクネヒトは明治政府の招聘によって、東京帝国大学の前身校である文科大学において日本で最初の教育学講義を行った。ハウスクネヒトはベルリンのフリードリヒ・ヴィルヘルム大学（ベルリン大学）で学んだ後、ベルリンのギムナジウムの教師を経て、来日した。一八八七―一八九〇年間、彼は、東京帝国大学で教育学（正確には教授学）を講じた。彼の講義は、ヘルバルト（H.Herbart）並びに、ヘルバルト派の教育学に基づくもので、その際、教材としてW・ライン（Rein）の教科書が使用された。彼の講義の受講生には、谷本富、湯原元一、稲垣末松等がいた。彼らは後に、中等学校教員（師範学校教員）として、ヘルバルトの理論を基礎に教育学を講じた。従って、教師養成機関では小学校教員養成のための『教授法』としてヘルバルトの教授段階説（現在わが国では、「指導案」の作成に際して、「導入・展開・総括」の三段階が在るが、ここにはヘルバルトの五段階教授説の尾てい骨が残っているのである）が導入された。このようにして、日本におけるヘルバルト並びにヘルバルト派教育学の伝搬・普及がなされたのである。

引用文献

1. Michio Ogasawara, Die Rezeption der deutschen Pädagogik und deren Ent-wicklung in Japan. In: Jahrbuch für historische Bildungsforschung. Bd.11（2005）, Bad Heilbrunn, s.283-298.
2. Iwanami-Lektion, “Erziehungswissenschaft（Beilage）”, 1931, Tokyo.
3. Hakanori Ito, Die Methodik der Pädagogik, In: Zeitschrift “Studien der Philosophie”, Zwei Heft des 8. Jahrgang, 1923, Kyoto.
4. Arata Osada, Die Geburt der Kulturpädagogik（1）,（2）, In: Zeitschrift “Studien der Philosophie”, 93, 94, Zwei Heft des 8 und 9Jahrgang, 1923, 24 Kyoto.
5. Munetoshi Irisawa, Kulturpädagogik und Reformpädagogik, 1925, Tokyo.
6. derselbe, Die Theorien der Kulturpädagogik der Diltheyschule , 1926, Tokyo
7. Toshiaki Murakami/Tokiomi Kaigo, Kulturphilosophie und Padägogik von Litt, 1928, Tokyo.
8. Kumaji Yoshida, ‘Vorwort’, In: Kulturphilpsophie und Pädagogik von Litt, 1928, s.2 f.
9. Toshiaki Murakami, ‘Vorwort’, In: Kulturphilosophie und Pädagogik von Litt, 1928, s.3.
10. Masafumi Sugitani, Philosophie in der Gegenwart und Pädagogik, 1954, Kyoto.
11. derselbe, Litt, Tokyo, 1956.

12. Masafumi Sugitani/Hisao Sibatani (die gemeinsame Ueberetzung), Ikeru Pestalozzi (Japanische Uebersetzung von "Der lebendige Pestalozzi") 1952, Tokyo.

13. Tetuo Ishihara, Literaturlist von und uber Theodor Litt in Japan (-1956), In:Erziehungswissenschaft.Berichte der Pädagogischen Hochschule Wakayama, Heft 7, 1958.

14. Japanische Gesellschaft für Erziehungsphilosophie (Hrsg.), Studien der Erziehungsphilpsophie, Heft 8, 1963, ss.109-146.

15. ditto. ss.109-120.

16. ditto. ss.121-123.

17. ditto. ss.124-146.

18. Michio Ogasawara, German "Scientific Pedagogy" in the Nineteen-Thirties, In: SOPHIA, Sophia University, Vol.21, No.4, 1972, P.61-68.

19. Michio Ogasawara, Staatgewalt und Erziehung — Betrachtungen uber Theodor Litts Staats— (japanische), In: Sophia University Studies in Education and Psychology, No.10, 1975, ss.79-91.

20. Horn/Ogasawara/Sakakoshi/Tenorth/Yamana/Zimmer (Hrsg.), Pädagogik im Militarismus und im Nationalsozialismus — Japan und Deutschland im Vergleich —, Julius Klinkhardt, Bad Heilbrunn, 2006.

補論3　ライプチヒ大学テオドール・リット研究所

本研究所は本書四〇頁において説明されているように、一九九七年九月、Th.リットに関する著作を含む遺品のすべてをご遺族のご意向で寄贈を受け、ライプチヒ大学当局は大学外国人局を中心に、哲学を含む文化・教育の振興をはかるために「精神科学研究施設」を構想する。何分にも一六〇九年創設のライプチヒ大学は一九二〇・三〇年代ベルリン大学と共に世界における研究・教育のメッカであった。「人文学」研究分野を中心に若いリット、解釈学の巨匠H・G・ガダマー、量子論の研究でノーベル賞受賞のW・ハイゼンベルク(ハイゼンベルクはカント研究者でもあった)らが激動の時代を透徹した思想と理論によって探究した。これらの伝統の上に立って大学はライプチヒ大学古文書館にリットの草稿の講義資料を含むすべての遺稿を収納し完備した。こうして一九九七年「精神科学的教育学の研究並びにその育成のためのリット協会」

は創設されたのである。

特記したいことは、上記のように（州立）公的機関として大学に協会が制度的に創設されたということが特に重要である。制度創設にはリットの愛弟子で大学の参事官であったペーター・グウトヤール・レーザー（Peter Gutjahr-Löser）の格別の尽力があったということである。そしてそれを支え事務的処理を完璧に果たすD・シュルツ（Schulz）の存在が実に大きいと筆者は判断している。

このようにして一九九九年以降毎年一〇月、テオドール・リット・国際シンポジウムが開催され、ベアーテ・シュキング（Beate Schücking）学長挨拶、グウトヤール・レーザ会長による大会のテーマに関する講演、シュルツ名誉教授の歓迎あいさつがあり、大会一日目の夕方開催されるレセプションにおいて『テオドール・リット年報』（Theodor-Litt-Jahrbuch）が参加者全員に配布されるのである。筆者の手元には『年報』（Jahrbuch 1999/1-2018/11）の一一巻が、大会のテーマに関する別巻として三冊がある。

なお、日本からの参加者のドイツ語による論文として、MICHIO OGASAWARA, “Zum Stand der Theodor-Litt-Forschung in Japan” In:Hrsg., J.Blecher/ P.Gutjahr-Löser/D.Schulz, “Freiheit und Lebenordnung-Ein europäischer Diskurs uber Demokratie -”, 2011, ss.109-118. と SHINJI NOBIRA,

“Bildung und Erziehung unter den derzeitigen Bedingungen in Japan und die Aktualität des philosophisch-pädagogischen Denkens von Theodor Litt”, 2014, ss.51-63. が掲載されている。

【資料】リット自身が描く自画像——論文審査に精を出す風景や正装の様子がコミカルに描かれている風刺画（カリカチュア）二点。［ライプチヒ大学テオドール・リット研究所保管］

補論4　ドルトムント工科大学公開シンポジウム原稿
『福島以後？—原子力破局の教育＝陶冶理論的反省　国際的展望』（L・ビガー、B・プラッェル、C・ブンガー編著）

1.「七五年は草木も生えぬ」という言説から——原子力破局の時代における教育学の課題

本論は、ドルトムント工科大学主催の国際研究会のテーマ、「原子力破局の時代における陶冶と教育——〝原子力破局〟の同時代的理解と教育学の責任問題」[1]を把握するために、核エネルギー問題の原点、広島、長崎における放射線災害の正確な理解やそれに対する科学者の態度、とりわけ教育研究者の責務を明らかにすることを目的としている。

一九四五年八月六日、人類史上初の〈原子爆弾〉が広島に投下された。二〇二二年に被爆七七年の節目の年を迎え被爆地広島の一教育研究者として著者は、改めて〈原爆〉投下の意図やその実相、そして放射線災害に関するより具体的で正確な理解をしなければならない、そしてそれに基づく科学者の態度、ないし科学者の責務を明らかにしなければならないと強く意識することになった。それは決して原爆投下を声高に一方的に非難し、断罪し、叱責したりすることではない。非人道な被害の実相に目を向けることによって被爆(者)と加害(者)の両者に横たわる認識の溝を埋めねばならないという強い思いと共にその認識の溝を埋めて、人類が共存するためにはその原点に〈教育と人間形成〉(Erziehung und Bildung)による以外に道はないと考えるからである。今この認識の溝を埋める〈平和教育〉こそが教育学の重要な課題として求められている。

タイトルの「七五年は草木も生えぬ」という言説は、原爆製造計画である所謂「マンハッタン計画」(Manhattan Project)に関わったハロルド・ジェイコブソン(Jacobson)博士の談話として一九四五年八月八日付けの〈ワシントンポスト(The washinton post)〉紙上に掲載されたものである。ところが、この日、アメリカ陸軍省(United States Department of the Army)は同じ「マンハッタン計画」を主導したJ・R・オッペンハイマー(Oppenheimer)博士の発言を引用して同記事の内容を否定し、また同時にジェイコブソン博士も自身の発言を取り消した。なんとも不可解な経緯ではないか。ここには一九四五年八月六日、広島に投下された〈原爆〉の真の意図や逆に放射線災害に関する深刻さを隠蔽しようとする意図がうごめいているように著者には思われる。

繰り返すが本年二〇二二年八月六日、広島は被爆七七年の節目の年を迎える。「七五年は草木も生えぬ」というこのジェイコブソン博士の言説は、緑が豊かに生い茂る広島の現状からは「見た目には」実感されない「誤った言説」と映る。だが、この言説の真意は、残留放射線という視点からの「七五年」の問題であり、その顛末には「目には見えない」放射線を意図的に「隠蔽しようとする」ことによって「被爆の実相」を消し去ろうとしているのではないかと考えられる。具体的には放射線を「熱線」ということばに置き換えて放射線災害の実態を隠蔽した、と筆者は考えている。また八月九日長崎に投下された原子爆弾は、「衝撃波」が最大になるよう緻密に計算され高度で炸裂したことが最近ＮＨＫのテレビ番組で報道された。実際長崎の原爆犠牲者の七割が衝撃波によるものであった。

このように七〇年の歳月を経てようやく広島、長崎の原爆投下の実相、並びに被爆災害の実態が徐々に明らかになる事によって、われわれには原爆災害の調査や対処に関わる問題が二〇一一年に発生した三・一一の東京電力福島第一原発事故の放射線問題に通底することが明らかになるのである。

再度繰り返すが、いまわれわれは、原爆、水爆という原子核エネルギーの人間に与える惨禍が、「七五年」という歳月に限定されるような性質のものではなく、とてつもない「気の遠くなるような」幾世代も重ねる深刻な被害であることに気づくのである。これらの事と同時に、三・一一の東京電力福島第一原発事故から、われわれは放射線災害の問題を広島、長崎、チェルノブイリそして福島の時空で考えることの必然性を痛感させられる。

このような問題意識をもって本稿では、原子核エネルギーの人間に与えるとてつもない災害の原点を最も過酷な状況下であるヒロシマ原爆の爆心地五〇〇メートル内での生存者七八名の放射線災害の実態を報告し、二〇一〇年三月一一日から四年を経過した東京電力福島第一原発事故におけるその後の放射線問題を検討し、科学者の、とりわけ教育研究者のこの問題に対する責務を考えたい。

2. 鎌田報告書[2]――被爆の実相を炙り出す

「七五年は草木も生えぬ」という言説を被爆の実相という観点から、爆心地五〇〇メートル内の「奇跡の生存 七八人の記録」に四〇年以上にわたり取り組んできた広島大学名誉教授鎌田七男博士（元広島大学原爆放射線医科研究所長）の最近公表された「核兵器の非人道性―医学的エビデンスから―」を手掛かりに報告する。なお、鎌田博士の本報告書は二〇一四年四月一一―一二日、広島で開催されたＮＰＤＩ（軍縮・不拡散イニシアチブ）第八回外相会合にあわせて、核兵器廃絶日本ＮＧＯとANT-Hiroshima 共催のシンポジウムでの英語による講演で、本論では正確を期するために講演のなかの一部の医学上の用語に関しては英文をそのまま転載した。

(1)一九四六年のアメリカ戦略爆撃調査団報告書では「原爆は人間を爆心地近郊では原形を留めぬほど炭化させた」と記されている。この報告書の文言からは「高度の熱線」の効果が記されている。しかし、鎌田博士の四〇年にわたる調査からは報告書のいう〈人間の原形をとどめぬほど炭化させる〉以上に、より深刻な核兵器の非人道性を証明する放射線災害の実態が明らかになるのである。

〈人間の原形をとどめぬほど炭化させる〉というおぞましい表現以上の非人間性という意味

は、一体何か。それは個体としての人間存在を抹消するだけではなく、傷つき生き残って、結果として次の世代にまでその惨禍を継承するという悲劇だ。被災しながら奇跡的に生き残った多くの方々が、皆一様に「自分が生き残って、死んだ被災者に〈申しわけない〉」と慚愧の念を口にする。その言葉の奥底には、個としての生命体が一瞬に消滅する事への願望、「私も一緒に死にたかった。なぜ私は生き残ってしまったのか」という罪悪感、と同時に、死ぬに死ねない被爆者の強烈な心の葛藤がアンビヴァレントなまま表出されているのだ。なんという悲劇か。これ以上の悲劇がこの世にあろうか!

爆心地五〇〇メートル以内の被爆生存者調査は一九七二年、一九五八年設置の広島大学医学部附属原子放射能基礎医学研究施設（原医研）のプロジェクトとして開始された。そこでは八六年から本格化した「爆心復元調査」、すなわち爆心地五〇〇メートル以内で被爆して奇跡的に助かり、二〇年を経過した段階での生存者七八人が基になっている。そこには「人間は原爆でどのようになったのか」という『原爆被災白書』の作成を政府に求める被爆者たちの悲痛な声の高まりが背景にある。それらは二〇〇四年、現在の広島大学原爆放射線医科学研究所（HIROSHIMA UNIVERSITY Research Institute for Radiation Biology and Medicine）に継承され、五五年にわたり持続的に行われてきた。中でも今回の鎌田七男博士報告が明らかにした放射線災害の持つ根の深さは、われわれを震撼させる衝撃的なものである。

このように鎌田七男博士の講演「核兵器の非人道性―医学的エビデンスから」は一言でいえば〈被爆者の人生に見る原爆の非人道性〉である。そこには生き残った被爆者を苦しめ、その人生を破壊する核兵器のもつエビデンス（evidence）が実例をあげて示されている。鎌田博士は医学的エビデンスと副題を付しておられるが、私にはそれらの〈実例〉は人間形成の全生涯にわたるエビデンスであると考えられる。鎌田博士は一九四五年「八月六日以降原爆を受けられた方がどういう生涯をたどったかをずっと調べさせて頂いている」と被爆者に対する畏敬の念を抱きながら実に謙虚に述べている。後述するが、結論を先取りして言えば、私はこの鎌田博士の被爆者に対する態度こそ核エネルギー問題に対する科学者の基本的態度であり、それらの態度を具体的に災害現場で示し、被災者と共に問題の本質を考え、行動することが科学者の責務ではないかと考えている。鎌田博士は「被爆者達が過酷な状況のもとで生存してくれたことが、人類に対して核兵器（エネルギー）のもつ非人道性を証明してくれたからだ」と論者に説明した。「私は生存被爆者に感謝し〈ありがとう〉と言わずにいられない」とも述べた。

(2) 鎌田報告の内容(二〇一四年四月一一日、核兵器廃絶日本NGOとANT-Hiroshima共催のシンポジウムから)

(注記:鎌田博士からは本稿の基になったドイツ・ドルトムント工科大学でのシンポジウム(二〇一四年一一月二六—二八日開催)での私の報告(独文)を全面的に支持する旨の賛同を頂き、全ての資料(evidence)を提供する旨の申し出があった。そこには放射線災害の研究者として、また現役の原爆被爆者援護事業団理事長としての役割を超えた被爆地ヒロシマの人間として、つまり広島の一市民として、被爆者とともに歩もうとする覚悟と社会的責任感が根底にある。なお本講演のなかでも、特に論者は、教育者としては放射線災害が被爆者の全生涯にわたることと、「被爆時期」による影響に注目する必要があると考えている。)

Ⅲ. 核兵器使用が非人道的行為である証拠

1. 身体的苦痛(遺伝子異常)

2. 精神的苦痛

3. 社会的苦痛

(注記:上記Ⅲの番号は鎌田報告書のオリジナル番号に準じた。なお、英文による報告書の内容の正確さを図るために医学用語に関しては英文をそのまま用いた。）

1．身体的苦痛（遺伝子異常）

①胎内期被爆では知能障害を伴う小頭症

②少年期被爆では成長遅滞、さらに壮年期に入って白血病、ガン

③成人期被爆ではガン、血管障害

④全世代で被爆の刻印としての染色体異常／ケロイド

＊Chromosome aberrations of a survivor（Estimated dose: 3,000mSv）［被爆者（推定被爆三、〇〇〇 mSv）の染色体異常］

（1）Strong correlation with exposed dose.（2）Persistent existence as stable type of abnormality.（3）Possibly observable in allexposed tissues,including stem cells（bone marrow,crypt cells of colon and breast glands）. 詳細は省略するが、佐々木禎子（Sadako Sasaki）＊ was the first case of multiple cancers:„ Anautopsy case of leukemia with thyrod cancer found in an A-bomb exposed child„

＊原爆による白血病で死亡した中学生佐々木貞子さんを記憶するため同級生らによる募金運動によって広島平和記念公園内に「原爆の子の像」が作られた（一九五八年）。

2．精神的苦痛

①後悔と罪の意識

②かぎりない不安
③あの場からの逃避
④死者への尊敬と畏敬の念

3．われわれはこの鎌田報告から一体何を学ぶのか？

第一は、放射線災害の持つ多様性である。原爆被害者にみられる白血病、甲状腺、乳がん、肺がん、胃がん、結腸がん、皮膚がん、髄膜腫等の悪性腫瘍。そして原爆被害者固型ガンの特徴として、1) The higher the exposed dose,the greater the risk of solid tumors. 2) The cancer risk increased with decreasing age at the time of bombing. 3) Tumos develops when the survivors reached cancer predilection age. が挙げられるのである。

広島の原爆障害の調査は、「原爆障害調査委員会(ABCC: Atomic Bomb Casualty Commission)」によって行なわれ、色々な経緯を経てその調査結果が今日も原爆障害の公的基準となっている。周知のようにＡＢＣＣは広島への原爆投下の直後の一九四五年、原爆による障害の実態を詳細に調査記録するためにアメリカが広島市に設置した機関である。だがこの機関は調査が目的の機関であるため、被爆者の治療には一切あたることはなかった(多くの被爆者は調査だけの機関としてのＡＢＣＣでの調査を受けることに嫌悪していた。しかもそこで得られた膨大な全資料は直接アメリカに送られ、アメリカ陸軍病理学研究所に保管された)。ＡＢＣＣは一九七五年、ＡＢＣＣと厚生省国立予防衛生研究所を再編し、日米共同出資運営方式がとられ「放射線影響研究所(RERF: Radiation Effects Research Foundation)」に改組された。ここでの外部被爆調査研究の結果が、放射線影響の尺度、基本データとして利用され、それが現在ではＩＡＥＡ(International Atomic Energy)の公認規準ともなっているのである。

ただ、三・一一の東京電力福島第一原発事故による福島県民の内部被爆の不安に応えることができなかったことから、今後、内部被爆を含めた低線量被爆のリスクの解明をも目指すことになった(「放射線影響研究所将来構想二〇一二」より)。つまり、低線量被爆のリスクの調査はこれからの課題なのである。

いずれにしてもこのＲＥＲＦによる原爆障害調査の報告書(一九七六)からのデータは、今回紹介した鎌田博士のデータとは異なる。にもかかわらず、ＲＥＲＦのデータが今日ではＩＡＥＡによる公認規準となっているのである。そして、二〇一三年広島大学原爆放射線医科学研究所がＩＡＥＡと正式に提携・調印したことで、現在鎌田博士の調査並びにそのデーターは非公認、つまり国際規準（IAEA規準）にはならない全く私的な研究・データーとされた。一般市民にはまったく理解し難い処置である。事実、鎌田博士が本報告を有名な科学雑誌『Nature』に投稿したところ「国際規準によらないデータ」として突き返された、とのことである。

最後に、「Ⅳ 被爆者の生涯からみた非人道性」を被爆後六五年間を生き二〇〇七年に「自死」したH．O．氏の記録あげて鎌田報告を終わりたい。

(1) H．O．氏（被爆時年齢 八歳）

一九四五年　爆心地から推定四六〇メートルで被爆。被爆線量推計一、九六〇ミリシーベルト（mSv.）。原爆で家族九名中六名死亡。親戚に一人預けられる。
一九四六年　原爆孤児となる。
一九四七年　似島の原爆孤児院へ送られる。
一九五七年　用務員として就職。
一九六七年　結婚。
一九九一年　胃がん発症（After undergoing two operations, he continued to suffer from gastro-esophageal reflex disease and mocrocytic anemia.）。

一九九八年　長男、交通事故で死亡。
二〇〇一年　初孫（次男の娘）白血病（leukemia）で死亡。
二〇〇五年　本人、被爆線量に起因する肺炎（Pneumonitis（A-bomb radiation-induced））。
二〇〇七年　自死（七〇歳）。

4. 三・一一以後の福島の放射線問題

放射線問題としては現在福島の場合、子どもを中心に考えれば具体的には①低線量被爆の問題と②甲状腺がんの問題があげられよう。両者に共通する難問は線量に対する境界値の取り上げ方、見方による立場の相違である。ある境界値よりも少量の被爆は安全であるとする立場と、どのような線量であっても放射線被爆は生体に有害であるとする意見、一般に「直線しきい値なし（LNT）」仮説（Linear No-Threshold）があり、議論が継続している。国際放射線防護委員会（ICRP）はLNTの立場で勧告をだし、おおむね各国で採用されている。低い線量の被爆であっても線量とガンや白血病などの発症確率は比例するという考えが「直線しきい値なしモデル（LNTモデル）」仮説である。

①低線量被爆問題とは低線量の放射能による被爆、および人体への健康被害に関する問題で、その影響は動物実験、放射線療法を受けた患者の調査、広島・長崎の原爆被害者の追跡調査、その他の疫学調査などで研究されている。中でも広島・長崎の原爆災害は一回の大量人体被爆としては世界最大のもので、データとしては凄惨な多数の犠牲を伴った人類史上貴重なものである。だがすでに述べたように、その全資料は原爆投下国アメリカによって一九四七年に設置されたＡＢＣＣを通じて直接アメリカに送られ、長年アメリカ陸軍病理学研究所に保管され、一九七五年の広島・長崎での放射線影響研究所の開設時以降に徐々に返還されたのである。それをもとにして外部被爆災害の規準が作られている事については既に述べた。問題の低線量の放射能による被爆の影響に関してはＲＥＲＦの「将来構想二〇一二」に示されているだけである。この点が福島の住民、とりわけ放射能に汚染された地域住民の子どもを持つ保護者達の不安を駆り立てているのである。この「汚染された地域」の放射線量の測定には、その地域の被爆状況の異なり（地形、被爆当時の気象状況）等を含めて専門家の意見はさまざまである。

鎌田博士は、この地域にその土地の専門医と共にしばしば調査のため現地に入られた経験から、低放射線量の安全値としてしばしば論じられる「一〇〇ミリシーベルト以下［は安全］という数値は、企業によって作られたもので全く科学的根拠の無いものだ」と明快に話された。その上で被爆地の人々には「線量計を各人が持ち一日一日の数値を記録し、対処する事だ」と。所謂、個人の線量を計測するモニタリング（monitoring）である。その上で今迄相談を受けた保護者の方々には「その数値から子どもとともに避難しなさい」と進言した、とのことであった。「一〇〇ミリシーベルト以下であるので不安がる必要はない」という専門家、その代弁者としての政府関係者の発言に保護者達は逆に疑いの目を向けている。それは「原発はクリーンで安全である」という、所謂〈安全神話〉に騙され続けられてきた住民、そして多くの国民の当然の反応でもある。

②子どもの甲状腺がん問題に関しては、二〇一四年八月一八日、日本のメディアは一斉に「甲状腺がん、疑い含め一〇四人　福島の子供三〇万人調査」（朝日新聞）と報じた。東京電力第一福島原発事故の被爆による子ども（被爆当時一八歳以下）の甲状腺への影響を調べている福島県の検査で、受診した約三〇万人の内一〇四人が甲状腺がんやその他の疑いと判定された。調査を担当する福島県立医科大学は地域別発症率に差が無いことや被爆の影響を受けやすい〇―五歳の発症が少ないことなどから、「被爆の影響は考えにくい」としている。

ここでの問題もまた、統計学的処理による放射線線量の問題である。上記のデータも二〇二二年六月三〇日現在の暫定値による結果であるということだ。確かに、客観的データーを示す場合、統計学的処理の方法以外に手段はなかろう。だが、一人一人の保護者は「自分の子ども」が被る甲状腺がんの危険度を知りたい、そこから逃れる方法を知りたいのである。専門医たちは過剰な保護者の不安感を非難する。他方、無責任なメディアは「子どもが死んでから泣いても遅い。あの日から闘ったか？準備し、防御したか？避難したか？保護したか？今なおそこに住んでいるいるのか？」と大々的に書きたてる。小さな子どもを持つ親達は、すでに七〇％以上が除染された地域のみならず福島の広い地域からも離れている。この現実は一体何を物語るのか？

われわれはここでも専門家（科学者）と一般市民、当事者一人一人が抱く問題に対する意識の乖離を痛感する。親は子どもの長い先の将来の人生を考えているのである。私には被爆地広島・長崎の親達、子ども達が戦後長く味わわなければならなかった艱難辛苦の体験が福島で被災された方々とダブッて見えるのである。なお、子どもの甲状腺問題を中心とする国際的な学術交流が、二〇二二年五月にベラルーシ（Belarus）国立甲状腺がんセンターと広島大学原爆放射線医科学研究所の間で締結されたことを報告したい。（研究者間の研究交流は早くから行われているが、問題に関する検証にはなお多くの時間が必要なのである。）

5. まとめ――科学者、特に教育者の責任について

原子力時代における科学者の責任について公的に言及した最初の教育学者は、ドイツのテオドール・リットである。[3] 他方、日本では、ヒロシマの被爆者で奇跡的に生き延びた教育学者、長田新（一八八七―一九六二）が被爆した子ども達の訴えの手記を編纂、『原爆の子―広島の少年少女のうったえ―』[4]のタイトルでプレスコードの厳しい状況下の一九五一年一〇月に刊行する。本著は被災した子どもたちに対する教育者の責任と理解されるし、今日では『平和教育』のバイブルとして世界の数十カ国に翻訳され、読み継がれている。なお、長田は一九二八年から約一年間、ライプチヒ大学に留学しリットのもとで教育哲学の研究に従事した。両者にはこのように深い関係がある。

すでに言及したように、リットは一九五七年、時局的な論文「われわれ自身、今の（原子力）時代をどのように理解するのか？」を、旧西ドイツの連邦政府国防省主催の会議「現代の決定的諸問題」で発表した。無論、その背景としては当時西ドイツの置かれていた国際的な位置を十分に考慮しなければならないことは論を待たない。ただそこでのリットは「核エネルギーに

賛成か反対」を述べているのではない。そこではヨーロッパにおける原子力科学の発展とその技術への応用プロセスが巨視的に鳥瞰されている。人間が発見し、それを技術に応用する人間の思考とその人間によって創出された技術が根本的に対立。技術が事象自体の持つ法則に従って人間の意志とは無関係に突き進む点に、リットは原子力利用の危険の可能性の本質と問題の根源を見ているのである。その上で、究極的にわれわれがその対立をより高い次元でいかに解決するかの問題に論を展開しているのである。

重複するがリットの基本的態度が具体的に、「原子力と倫理」の問題に展開したのが、同年の一九五七年一〇月一一―一二日、ドイツ欧州連盟（EUROPA-UNION DEUTSCHLAND）によって招集されたボン郊外ケーニスヴィンターで開催された『専門家委員会―講演』[5]である。そこには、専門家集団としてのドイツ欧州連盟の代表者達が原子力（核）エネルギーの必要性を経済的・政治的観点から強調する態度と、これまた自然科学の専門家としてそれを推進するあるいは警告する原子物理学者の科学的主張や立場が交錯するが、これに対してリットの基本的立場は、歴史的、倫理的観点から核エネルギーの問題を提起する立場である。

このリットの基本的態度は、「科学の発達に付随して、それだけ確実に、人間の生を〈導く術〉を手にすることは出来ない」とする思考である。従って、「自然科学の完璧さがどれほど増しても、この完璧さと表裏一体をなす責任の高みへと自然科学者が上昇する支えとはならない」とリットは断定している。そこから「原子力時代」の自然科学者には「方向の転換」、あるいは根本的な「視線の方向」の変更が必要である、としている。その具体が「一九五七年四月一二日に発表された、一八人の物理学者による〈ゲッチンゲン・マニフェスト（Göttinger Manifest）〉[6]であり、それが自然科学者の方向転換を必然的なものにした」とリットは述べている。この自然科学者の『方向の転換』を迫る〈ゲッチンゲン・マニフェスト〉の宣言者一八名に対するリットの批判的な講演内容に対して活発な討論が展開される。

そこでの核心的な問題は会議の司会者によれば、「物理学者がより高度な政治的責任を持つという見解が正しいのかどうか、あるいは宣言に署名した物理学者たちが自らの科学的職務の権威を携えて独自の政治的立場を表明したことは批判されるべきか否かという問題である」。

これに対してリットは自分の立場を明確にしておきたいとして、〈マニフェスト〉のなかで「自然科学者の純粋な学問やその応用という活動、そして多くの若者に我々の領域を紹介する活動は、この活動がもたらしうる結果に対する責任を我々に負わせるのである」というマニフェストの文言を厳しく批判する。その理由をリットは、「自然科学は実際、あらゆる価値の違いを消し去る。また、あるべきこととあるべきでないことをめぐるすべての問いを消滅させる」という「知のアンビバレンス」に基づく学問論を展開し、そのために「物理学者は物理学者として、自然科学者は自然科学者として、科学技術者は科学技術者として、人類が彼等の科学の成果とともに始めたことに対する責任を負ってはいない」とするのである。実に逆説的とも思える表現である。さらにリットは付言して、「ひとつの効果の可能性が人間に供されている。この可能性とともに何を始めるか、これを決定するのは、物理学者としての問題ではなく、〈人間の、つまり完全に責任ある人間の問題〉である」とするのである。しかしながらこのマニフェストには「物理学者はその結果に責任を負うとされ、そのため、政治的になされるべき事柄について現下のドイツ国民に助言を与える義務を自らに要求している」という文言が頻繁に取り上げられている。少なくとも、マニフェストの文言は本来は「一人の国民が良心と根拠をもって主張できる文章であり、この文章を主張する国民の権利を否定することは誰にもできない。しかし、この文章を主張するために他の同胞より物理学者が招かれているという考え、これこそ私が強く否定していることなのだ」とリットは強調するのである。

ここには専門家としての物理学者と個人としての市民、国民の〈区別〉、〈境界線〉を明確にしたうえで、リットの政治に対する態度と政治的行動（運動）の在り方についての原則が示唆されているように思われる。科学者と個人としての市民を明確に区別して、政治及び政治的行動、運動に参画する事は実に〈峻厳な〉細い道を歩む事を示唆している。従って、個人としての市民が問題を自己の問題として主体的に判断し、その判断に責任を持つ事以外に方法はないのではないか？ここにはリットの「知のアンビバレンス」と「責任」の関連が示されている。

他方、長田はこのマニフェストにどのような態度を取り、行動したのであろうか。〈ゲッチンゲン・マニフェスト〉に関しては当時日本でも大変な関心を呼び起こし、一九五七年五月ノーベル物理学賞受賞者の湯川秀樹を中心とする物理学者二五名がこの宣言を支持する声明を出して注目された。これらの声明に応答すべく、長田は「ゲッチンゲンの科学者の宣言にこたえて」という広島の学者一二名の名を連ねる長文の「書簡」を起草し、一九五七年の夏、国民平和使節として欧州諸国へ「反核」の旅に発つ、広島大学の倫理学者であり同時に広島の「反核」運動の中心的人物、森滝市郎（一九〇一―一九九四）に託した。この長田の書簡は、「W・ハイゼンベルク博士をはじめ、西ドイツの指導的科学者一八名の〈原子兵器の実験・使用・研究のためには働かない〉という宣言を読んで、我々広島の科学者は多大の感謝と感激に浸っている」との文言で始まり、「原子核分裂のエネルギーの平和利用ならびに原水爆の実験・使用・

研究の無条件的反対、同時的禁止という要望において、世界平和のメッカ広島の科学者の悲願と、ゲッチンゲンの科学者の悲願とは、いまや符号するごとく一致した。我々は東西相携えて、世界平和のために奮闘したいと思う」と結ばれている。このあまり知られていない「書簡」を携えて森滝市郎は八月二七日にドイツに入り、同日、ボンのケーニヒス・ホテルで四〇人程の参加者を前に記者会見を行いこの書簡について報告している。その後森滝は、同日、ハイデルベルク大学の物理学研究所にH・コッフェルマン(Prof.Dr.Hans Kopfermann; ドイツ原子力委員会・核物理学部門委員長)を訪問し、この長田の書簡を手渡している。

このように〈ゲッチンゲン・マニフェスト〉に対するリットと長田との態度には根本的な相違があることは明白であろう。リットが政治的でありたい人間と物理学を研究する人間との〈分離〉を厳しく主張するのに対して、長田は寧ろ科学者であるからこそ同時に政治的発言、政治的行動(運動)の遂行を積極的に支持するのである。

一九五四年五月、原水爆禁止広島市民大会が開催され、一九五五年には第一回原水爆禁止世界大会が広島で開催され森滝がその事務局長を務め、それが「原水爆禁止日本協議会」(原水協)

の結成となる。又同年五月には「広島県原爆被害者団体協議会」が結成され森滝が理事長となり、一〇月には「日本原水爆被害者団体協議会」(日本被団協)も発足する。しかし一九六三年八月五日、第九回原水爆禁止世界大会で「いかなる国の核実験にも反対」というスローガンへの賛否を巡り、日本原水協は分裂。共産党系の原水協と一九六五年結成の「原水爆禁止日本国民会議」は社会党系として今日に至るも統一されていない。「日本被爆者団体協議会」(被団協)もこの政党間の影響を受けながらその狭間で「被爆者」という一点でまとまりを保っているのが現状である。分裂に研究者が中心的役割を果たした事、そして被爆七七年を迎える今日に至っても一部研究者が政治的役割を担っている事を考える時、我々はリットの厳しい警告を再確認しながら、同時に被爆者と共に歩む鎌田七男博士の科学者としての行為はその責任のあり方として一つのモデルを示しているのではないかと思う。

いま日本では被爆者の高齢化(平均八五歳に近い)と減少化(全国で二万人を割る)が加速している。そのような状況下で被爆七七年の節目の年に、広島では原爆災害の伝承の危機が緊急の問題として浮上している。具体的には若い世代、特に高校生を対象とする被爆の実相を語り継ぐ、『語り部』の育成という課題である。

ここには今日、核エネルギーの時代に生きる子ども達、若者達の育成に責任を担う教育研究者は、専門家としてまさに世代をかけた責任をどのように果たすのか?が具体的に問われているように痛感される。一般論としては、教育者は学習者に対して、〈核エネルギーの時代〉に対峙する意志を形成させ、自覚を促し、それを梃子に事態を「選択」し、選択に対する「決断」にいたる自己「責任」の道筋を示すことであろう。より具体的には、それは放射線災害から子ども達、若者達を守ることから、放射能廃棄物をどう処理するのかという問題を含む、世代をかけた実に重い責任を〈共に担う〉ことの意識化なのである。私はこの〈責任の共有〉の意識化にこそ、いち教育研究者を超えた一市民としての『核エネルギー』問題に関わるポイントがあると考えている。被爆の実相を語り継ぐ若い世代の『語り部』育成には先行世代とそのバトンを受け継ぐ世代との『責任の共有』という共生・共感が不可欠なのである。この共生・共感を基底にした「広島の〈平和教育〉」の再審とその具体化が今不可欠なのである。

文献(参考・引用文献)

1 Technishe Universitaet Dortmund,Institut fuer Allgemeine Erziehungswissensch-aft und Berufspaedagogik,. Internationale Beitraege zur erziehungs- und bildungs theoretischen Reflexion atomarer Katastrophen. .

2　鎌田七男報告「核兵器の非人道性―医学的エビデンスから―」(Humanitarian Consequence of Nuclear Weapons-Based on Medical evidence). なお、鎌田は二〇一一年五月、ネパールでのIPPNWでもネパール講演(Nepal-Lecture);Physical and psychological effect of radiation Among Atomic Bomb Survivors in Hiroshima. も行っている。

3　テオドール・リット著、小笠原道雄編、木内陽一・野平慎二訳『原子力と倫理―原子力時代の自己理解』、東信堂、二〇一二年。本編著は、リットの二つの講演、すなわち、「私たち自身今の時代をどのように理解するか？(Wie versteht unser Zeitalter sich selbst?)」と「原子力と倫理(Atom und Ethik)」を下記注5の『報告書』：「原子力エネルギーの経済的、政治的、倫理的諸問題」(一九五七年)から抜粋して編纂し翻訳、出版したもの。

4　長田新編『原爆の子―廣島の少年少女のうったえ』岩波書店、一九五一年(初版)、一九七〇年(改訂版)。

5　'Diskussionsbeiträge zum Vortrag von Prof.Dr.Litt, "EURATOM-Wirtschaftliche, politische und etheische Probleme der Atomenergie",EUROPA-UNION DEUTSCHLAND. (o.J.)

6　ゲッチンゲン・マニフェスト(Göttinger Manifest)並びに当時のドイツ社会での反響に関しては'Dokumente zum Göttinger Manifest', Schriften des "Fraekischen Kreises",1957/1を参照。日本での動向については、翻訳書、W・ハイゼンベルク著、湯川秀樹序・山崎和夫訳『部分と全体―私の生涯と偉大な出会いと対話』みすず書房、一九七四年を参照。

あとがき

テオドール・リットが一九六二年六月一七日、数ヶ月の闘病生活の後、ボン市ヴェヌスブルクの大学附属病院で不帰の客となって六〇年が経った。リットの意識と思考力は、生命の灯が消える最後の瞬間まで明晰であったと伝えられるが、いかにもリットの最期に相応しく私の目は涙で溢れた。

一九八〇年九月、二度目のアレキサンダー・フォン・フンボルト財団の招聘によるボン大学での研究生活の折は、毎日のように夕方宿舎から散歩に出かけた。途中、小高い丘から遠望されるヴェヌスブルクの大学附属病院を眺め、リットを偲んだ。

一体いつごろ、自分はテオドール・リットの名前を覚えたのであろうか。いまその記憶を辿ると、一九五八年の大学三年生後期、杉谷雅文先生の「教育哲学演習」に出会う。

今も手元に残るリット著『指導か放任か』(Führen oder Wachsen lassen)(1956)、からの写りの悪いコピーの一冊に出会う。当時、西洋教育史演習でも教育方法演習でもすべてこのようなコピー版テキストを使用していた。いちおう、毎回二頁半程度、ドイツ語辞書を引きひき訳をするのだが、内容はまったくわからないまま、当時の教育学部三階の杉谷研究室の扉をたたいた。研究室の扉をたたく時の緊張感を今でも覚えている。とにかくすべてが慎ましい中、学生時代は勉学に励んでいた。

この一九五八年の杉谷雅文先生のリットに関する「教育哲学演習」がその後の私の研究生活を主導した。確かに、時代背景として、一九五八年新制大学学部の上に修士課程、博士課程の大学院制度が発足し、旧制大学を中心にして講座制による研究者養成が急務となり実施された。なかでも、広島大学は旧広島文理科大学の歴史から、ドイツ教育学研究に軸足をおいた研究室(教育哲学、西洋教育史、教育方法、比較教育)とアメリカの教育研究から影響を受けた教育社会学、教育経営と独自の日本東洋教育史が混在する形で発展した。全体に、研究室間の壁は厚く、閉鎖的であった。

私は北海道教育大学（旭川分校）、上智大学文学部、そしてドイツ留学を経て、母校広島大学に奉職することになったが、研究の原点として、リットを離れることはなかった。それは東京を超えて、広島にきたのは北海道北見柏陽高校学校の担任であり恩師でもあった先生の言葉であった。

恩師は「小笠原君、教育をやりたいのなら広島、それも『教育哲学』だよ！」と背中を押してくれたのである。

そのゴールが一九九九年二月一九日（金）広島大学教育学部教育学科教育哲学研究室主催「小笠原道雄教授最終講義　教育思想家の戦争責任――テオドール・リットの場合――」であった。

今そのプログラムをみると、

「問題提起：何故、最終講義にこのテーマを選んだのか？

①精神科学的教育学派とナチズムとの関係問題を究明することの必要性。

⑴ナチズムとこの派の関係は、同調から抵抗まで実に多様で、抵抗の極にTh.リットが位置する。

(2)世界観的体系としての国家社会主義に対するTh.リットの論拠は何であったのか。いかなる原則からTh.リットは対決したのか。
(3)ナチ支配(1933-45)を体験し、それに個人的に耐え抜いた残像がその後のTh.リットの研究活動(作品)にいかにしめされているか。

本論
1．Th.リットの人物像(略歴と著書目録)写真、直筆書簡、ラテン語によるリットの学位論文(1904)
2．ナチズムとの関係を問う場合
(1)個人に関する伝記的な観点(Chronik)
(2)事柄に関する内容的な観点
(3)戦後リットの主要な関心と作品
3．戦争責任ということ

まとめ

ペスタロッチーの遺書から」である。

プログラムには以下小笠原道雄教授の軌跡としてⅠ．略年譜　Ⅱ．所属学会　Ⅲ．主要研究業績一覧⑴著書三一点　⑵翻訳書二一点　⑶研究論文三二点　⑷学術論文訳七点　⑸事典類七点　⑹その他（書評、海外教育事情、解説・翻訳、文献紹介、研究討議報告等）二五点が掲載されている。上記プログラムには〈資料〉が添付され、具体的な事項の内容、日時、そして簡潔な説明が三頁にわたってなされている。

このようなことから、今回の拙著『テオドール・リット：人と作品―時代と格闘する哲学者・教育者』は二二年前のリットという教育思想家の思想に補足する屋上屋を架す結果になったのではないか、と危惧される。その点を含めて、今、リットの思想・理論・実践を再読することによって、それを確認する時代の危機的状況をご考慮いただければ幸いである。

われわれが、出版社東信堂の全面的な支援をえて、テオドール・リットの「原子力と倫理―

原子力時代の自己理解」を刊行したのは、二〇一二年十月三〇日、丁度十年前のことであった。その表紙帯には『人類に対する責任』と大書され、「ドイツの脱原発思想の源流となった、リットの提言！―核エネルギー問題は経済的問題、政治的問題として解決出来るものではなく、位相の異なる倫理的問題として、〝人類に対する責任〞という視点から考察・対応しなければならない。」と結論されている。

この十年間、時代の推移は〈激流〉という言葉を超えて、まさに撃的な〈質的変化〉とも言うべき状況を呈している。

メディアが伝える「ロシアが核演習実施―ウクライナ侵略後初 プーチン氏視察」は〈戦略核戦力〉部隊の演習を実施したと大書している。〈汚い戦争〉〈汚れた戦術〉という言葉が日常語に置換されて語られる時代なのだ！

最も危惧されることは、われわれがこの日常的な時代風潮に慣れきって、世間とは〈そんなものだ〉と簡単に処理してしまうことだ。

リットが一九五七年、時局論文としてのべた『原子力時代』をわれわれ人類はそれがどのような時代であり、原子力（核）エネルギーとは何であるのかを各人が主体的に熟慮することなく、感覚的に処理してきた点にあるのではないかと思念される。――不幸なことにそれは人間を殺傷する大量破壊化学兵器として開発され、それを目的に広島、長崎に投下されたのであるが、そのメカニズムを含めて十分に理解することのないままに急速に技術化を図り、人間の大量殺傷と言う技術が〈目的化〉されたのである。

われわれは声高に原子力科学・技術自体のもつその本質的な危険性を指摘するだけではなく、リットと共に、「原子力時代」に生きる両面価値的（アンビヴァレンス）な人間存在が有する「責任」をエートスに徹して考え抜き、実践することが重要ではないかと判断する。

末尾ではあるが、東信堂の下田勝司社長に感謝の言葉を捧げることなく、本書を綴じることはできない。リットの時局論文集：「原子力と倫理―原子力時代の自己理解」（二〇一二）、「科学の公的責任―科学者と私たちに問われていること」（二〇一五）、「歴史と責任―科学者は歴史にどう責任をとるか」(二〇一六)、「弁証法の美学―テオドール・リット最晩年の二つの記念講演から」(二〇一九)、「現代という時代の自己理解―大学・研究＝教育の自由・責任」(二〇二一)の総決算書として本著『テオドール・リット：人と作品』が刊行されるのである。

二〇二二年十一月十一日世界平和記念日に

小笠原道雄

な行

ナチ時代……………………………37
ナチ女子親衛隊……………………37
ナチス政権…………………………47
ナチズム……………………………4
ナチズム学生同盟…………………4
二極弁証法…………………………16
『二〇世紀の神話』…………………5
日本学術振興会……………………39
ニュルンベルク裁判………………48
人間に関する科学…………………55
人間の実存…………………………v

は行

パースペクティヴィズム（遠近法主義）…………16-18
ハンブルク会議……………………78
東日本大震災………………………13
ヒットラー体制下…………………37
広島文理科大学……………………27
福島第一原発事故…………………13
フッサール現象学…………………15
プロイセン文部省…………………4
『文化社会学』………………………50
ヘーゲル哲学………………15, 29
ベルリン建築家・技術者協会……24
ベルリン大学……………………3, 47
弁証法的思考………………………15
「星十字大功労賞」プール・ル・メリット学術勲章……………31
ボン大学…………………………3, 47
ボン大学教育科学研究所…………24

や行

ヨーロッパ共同市場（EEC）………9
ヨーロッパ原子力共同体…………9

ら行

ライプチヒ大学………………38, 40
ライプチヒ大学総長就任講演……4
ライプチヒ大学テオドール・リット・国際会議……………38
ライプチヒ大学テオドール・リット協会……………………41
ライプチヒ大学哲学・教育学正教授……………………………4
ライプニッツ記念像………………19
『リット』……………………………30
リットの主要著作…………………32
歴史的実験…………………………52

事項索引

あ行

アデナウアー政権……9
アメリカ……iii
アメリカによる原爆投下……iv
アルジェリア……iv
『岩波哲学・思想事典』……15, 28
ウイーン……5
ウクライナ・ザポリージャ……vi
ウクライナ問題……i, v

か行

カール・フリードリヒ・ゲルデラー記念碑……43
科学者の使命……54
学位論文……3
核エネルギー問題……11
学術功労賞……31
核部分使用……vi
ギムナジウム……3
旧ソヴィエト連邦……iii
教育科学研究所……13
『教育人名事典』……29
共産主義……53
芸術……108
芸術的創造……105
ゲッチンゲン宣言……ii, 9, 116
ケルン大学……47
建築家の活動……112
原爆……10
『原爆の子―廣島の少年少女のうったえ』……13
原発事故……57
原発の「安全神話」……41

さ行

「自然科学的認識について」……26
社会名目論……22
新型コロナウイルス……i
「人類に対する責任」……42
政治教育……58
政治教育の問題……54
精神科学的立場……26
制度体保障……48
「制度体保障」論……22
世界史的時代……i, 115
全体観的構造連関……19
ソヴィエトの占領地区……52

た行

大学の「復興計画案」……23
第一〇四回シンケル記念式典……81
単子論的自我論……18
知識社会学……50
中国……iii
『哲学修業時代』……22
ドイツ欧州連合……11
ドイツ学術交流会（DAAD）……39
ドイツ軍の核武装計画……116
ドイツ国法学者大会……49
ドイツ新人文主義……15, 28
東西冷戦……54

バネス、F. A.……………………………8
ハーン、O.………………………………8
ビルツ、K.………………………………8
フイヒテ…………………………… 26
フッサール………………………… 17
フライシュマン、R.…………………8
フリットナー……………………… 27
ヘーゲル、G. W. F.‥ 15, 26, 28, 35, 49
ヘーニスヴァルト………………… 17
ヘルダー、J. G.…………………… 35
ヘルマン・コーネン……………… 75
ボップ、F.………………………………8
ホフマン、P.……………………… 40
ボルン、M. ……………………………8

ま行

マッタウホ、J.…………………………8
宮野安治…………………44, 45, 53
村上俊亮…………………………… 44

や行

山崎和夫…………………………………8
湯川秀樹…………………………………8

ら行

ライプニッツ、G. W. ………… 18, 19
ライプニッツ、H. M.…………………8
ラウエ、M. フォン……………………8
ラサーン、R. ……………………… 39
リッケルト、H.…………………… 36
リット、ヴァルター・ルドルフ‥ 37
リット、テオドール…… ii, iii, v, vi, 4, 9, 10
リット、フェルディナント………3
リット、レナーテ………………… 38
リーツラー、W.…………………………8
ロイター、E………………24, 59, 60
ローゼンベルク、A.…………………5

わ

ワイツェツガー、C. F. フォン……8
和辻哲郎…………………………21, 46
ワルヒャー、W.…………………………8

人名索引

あ行

新井保幸……45
石川健治……22, 47, 48
稲富榮次郎……25
ヴィルヘルム四世……31
ヴェーニーガー……27
長田新……13, 27

か行

海後宗臣……44
ガウケル、K.……38
ガダマー、H. G.……22, 23, 40
カミュ……iv
カント……26, 75, 109
北川隆吉……50
城戸幡太郎……13
蔵内数太……22, 49, 50
クラフキ、W.……38-40
ゲーテ……97-100
ゲルデラー、C.……40, 43, 44
ゲールラッハ、W.……8
ゲーレン……23
コッファーマン、H.……8
コーン……16

さ行

シェーラ、M.……50
シュトラウス、F. J.……7, 9
シュトラスマン、F.……8
シュプランガー、Ed.……4, 27
シュミット……22, 47, 48
シュライエルマッハー……17
シンケル……25
ジンメル、G.……26, 29, 49
杉谷雅文……16, 30
鈴木兼三……32
鈴木聰……45
スメント、R.……48, 49
関雅美……17
ソクラテス……16

た行

竹井彌七郎……44
タルド、J. G.……22, 50
ディルタイ、W.……17, 26, 36, 49
デュルケム、E.……22, 50
デルボラフ、J.……37
トレルチ……26

な行

ナトルプ、P.……75
ニコーリン、F.……32
西勇……45
西方守……44
ノール……27

は行

ハイゼンベルク、W.……8, 12, 38, 40
パウル、W.……8
パウルゼン、F.……48
ハーゲルシュタンゲ、ルドルフ……72
ハックセル、O.……8

著者紹介

小笠原道雄(おがさわら みちお 1936-)。広島大学名誉教授、ブラウンシュバイク工科大学名誉哲学博士(Dr. Phil. h. c.)、ボン大学(客員)教授。主な著書『現代ドイツ教育学説史研究序説』『フレーベルとその時代』『原典資料の解読によるフリードリヒ・フレーベルの研究』『ヴィルヘルム・ディルタイの教育学―生成・展開・現代的展望』『精神科学的教育学の研究』"Pädagogik in Japan und in Deutschland-Historische Beziehungen und aktuelle Probleme", Leipziger Universitätsverlag. 等。

テオドール・リット：人と作品――時代と格闘する哲学者・教育者

2022年12月20日　初　版第 1 刷発行　〔検印省略〕

＊本体価格はカバーに表示してあります。

著者©小笠原道雄／発行者　下田勝司　印刷・製本／中央精版印刷

東京都文京区向丘1-20-6　郵便振替00110-6-37828
〒113-0023　TEL(03)3818-5521　FAX(03)3818-5514
発行所 株式会社 東信堂
published by TOSHINDO PUBLISHING CO., LTD.
1-20-6, Mukougaoka, Bunkyo-ku, Tokyo, 113-0023, Japan
E-mail: tk203444@fsinet.or.jp　URL: http://www.toshindo-pub.com/

ISBN978-4-7989-1819-8　C1030　©Ogasawara Michio

東信堂

テオドール・リット：人と作品—時代と格闘する哲学者・教育者	小笠原道雄	二四〇〇円
原子力と倫理—原子力時代の自己理解	Th・リット 小笠原道雄編	一八〇〇円
科学の公的責任—科学者と私たちに問われていること	Th・リット 小笠原・野平編訳	一八〇〇円
歴史と責任—科学者は歴史にどう責任をとるか	Th・リット 小笠原・野平編訳	一八〇〇円
責任という原理—科学技術文明のための倫理学の試み〔新装版〕	H・ヨナス 加藤尚武監訳	四八〇〇円
主観性の復権—心身問題から『責任という原理』へ	H・ヨナス 宇佐美・滝口訳	二〇〇〇円
ハンス・ヨナス「回想記」	H・ヨナス 盛永・木下・馬渕・山本訳	四八〇〇円
生命の神聖性説批判	H・クーゼ著 飯田・石川・小野谷・片桐・水野訳	四六〇〇円
生命科学とバイオセキュリティ—デュアルユース・ジレンマとその対応	四ノ宮成祥 河原直人編著	二四〇〇円
医学の歴史	今井道夫 石渡隆司監訳	四六〇〇円
安楽死法：ベネルクス3国の比較と資料	盛永審一郎監修	二七〇〇円
死の質—エンド・オブ・ライフケア世界ランキング	丸祐一・小野谷加奈恵・飯田亘之訳	一二〇〇円
バイオエシックスの展望	坂井昭宏 松浦悦子編著	三二〇〇円
死生学入門—小さな死・性・ユマニチュード	大林雅之	一二〇〇円
生命の問い—生命倫理学と死生学の間で	大林雅之	二〇〇〇円
生命の淵—バイオシックスの歴史・哲学・課題	大林雅之	二〇〇〇円
今問い直す脳死と臓器移植〔第2版〕	澤田愛子	二〇〇〇円
キリスト教から見た生命と死の医療倫理	浜口吉隆	二三八一円
動物実験の生命倫理—個体倫理から分子倫理へ	大上泰弘	四〇〇〇円
医療・看護倫理の要点	水野俊誠	二〇〇〇円
テクノシステム時代の人間の責任と良心	H・レンク 山本・盛永訳	三五〇〇円

〔ジョルダーノ・ブルーノ著作集〕より

カンデライオ	加藤守通訳	三二〇〇円
聖灰日の晩餐	加藤守通訳	三二〇〇円
原因・原理・一者について	加藤守通訳	三二〇〇円
傲れる野獣の追放	加藤守通訳	四八〇〇円
英雄的狂気	加藤守通訳	三六〇〇円

※定価：表示価格（本体）＋税

〒113-0023　東京都文京区向丘 1-20-6　TEL 03-3818-5521　FAX03-3818-5514
Email tk203444@fsinet.or.jp　URL:http://www.toshindo-pub.com/